Hamburger Abendblatt | *maritim*

MATTHIAS GRETZSCHEL

PEKING

**Schicksal und Wiedergeburt
eines legendären
Hamburger Segelschiffes**

INHALT

Sturmerprobt: Die PEKING gehört zu den berühmten Flying-P-Linern der Reederei F. Laeisz, die bis in die 30er-Jahre des 20. Jahrhunderts hinein regelmäßig Kap Hoorn umfahren haben.

Am 25. Februar 1911 lief bei Blohm & Voss im Hamburger Hafen einer der letzten großen Hamburger Viermaster vom Stapel: die Peking. Für die Reederei F. Laeisz segelte sie bis zum Jahr 1932 unzählige Male zwischen Hamburg und Südamerika, um wertvollen Salpeter nach Europa zu bringen. In ihrer über 100-jährigen Geschichte hat sie 34 Mal Kap Hoorn umrundet, zwei Weltkriege überstanden und mehr als 40 Jahre als Museumsschiff am Pier von Manhattan verbracht. Sie wurde von den Menschen dort viel beachtet, war aber zuletzt vom Alter schwer gezeichnet.

2017 gelang es mit Unterstützung des Deutschen Bundestags, die Peking nach Deutschland zu holen, um sie zu restaurieren und schließlich als Museumsschiff in ihren Heimathafen Hamburg zurückzubringen. In den vergangenen drei Jahren hat sie sich auf der Peters Werft in Wewelsfleth in den prächtigen „Hamborger Veermaster" zurückverwandelt, der zu Beginn des 20. Jahrhunderts für seine Schnelligkeit und Zuverlässigkeit bekannt war und der als eines der letzten Handelsschiffe unter Segeln den Atlantik bereiste.

In Zukunft wird die Peking beim Deutschen Hafenmuseum auf dem Grasbrook liegen, das Hamburgs Aufstieg zum Welthafen und die Entwicklung der Seefahrt darstellt. Mit der Peking erhält Hamburg ein neues Wahrzeichen. Allen, die sich mit Tatkraft und Ausdauer für ihre Rückkehr und Restaurierung eingesetzt haben, danke ich sehr herzlich.

Dieses Buch schildert die wechselvolle Reise der Peking und gibt einen Einblick in die Geschichte der Hafen- und Handelsstadt Hamburg. Ich danke dem Autor Dr. Matthias Gretzschel für seine Arbeit und wünsche den Leserinnen und Lesern viel Freude mit dieser Chronik.

DR. PETER TSCHENTSCHER
Erster Bürgermeister der Freien und Hansestadt Hamburg

Wewelsfleth: Die Peking noch ohne Rahen während der Restaurierung auf der Peters Werft.

Die PEKING in altem Glanz erstrahlen zu lassen und wieder zurück in ihre Heimatstadt zu holen, ist ein wahres Gemeinschaftswerk. In diesem Buch wird die ganze Geschichte erzählt, angefangen bei der Gründung der Reederei F. Laeisz im frühen 19. Jahrhundert über den Bau und das wechselvolle Schicksal der PEKING bis hin zum Abschluss der Restaurierung und zur Übergabe des glanzvoll erneuerten Schiffs an die Stiftung Historische Museen Hamburg auf der Peters Werft in Wewelsfleth am 11. Mai 2020. Und schließlich gibt es einen Ausblick auf die nahe Zukunft, in der die PEKING die wichtigste Attraktion des künftigen Deutschen Hafenmuseums sein wird. „Die PEKING – Schicksal und Wiedergeburt eines legendären Hamburger Segelschiffes" ist kein trockenes Fachbuch, sondern bietet eine spannende Lektüre. Reich bebildert beschreibt es das Leben eines Schiffes, das geprägt ist durch die zeitgeschichtlichen Entwicklungen des 20. Jahrhunderts bis zum heutigen Happy End. Ich wünsche allen Leserinnen und Lesern viel Freude damit.

NIKO SCHÜES
Inhaber der Reederei F. Laeisz,
Kuratoriumsvorsitzender der Stiftung Hamburg Maritim

Begegnung auf dem Südatlantik: Für die Passagiere
des Luxusdampfers CAP ARCONA war es faszinierend,
die PEKING unter vollen Segeln vorüberziehen zu sehen.
Das Bild entstand wahrscheinlich 1929.

Die PEKING ist in traurigem Zustand, als sie auf der Caddell-Werft in Staten Island für den Transport im Dockschiff vorbereitet wird.

Im Sommer 2020 ist die Restaurierung der PEKING
auf der Peters Werft in Wewelsfleth abgeschlossen.

1

EIN HUTMACHER ENTDECKT DAS ÜBERSEEGESCHÄFT

Wie Ferdinand Laeisz eine Handelsfirma aufbaut

Was den Schwaben Johann Laeisz (sprich Leiss) um die Mitte des 18. Jahrhunderts dazu veranlasst, Süddeutschland zu verlassen, um sein Glück in der Freien und Hansestadt Hamburg zu suchen, wissen wir nicht. Hamburg ist damals schon recht groß, 1787 leben bereits mehr als 100 000 Menschen innerhalb der Mauern, die die Stadt einst vor den Verheerungen des Dreißigjährigen Krieges bewahrt hat. Hamburg prosperiert, überall wird gebaut. Die wichtigste Baustelle befindet sich in der Neustadt, wo die 1750 durch Blitzschlag zerstörte Michaeliskirche neu errichtet wird. Das barocke Gebäude, das dort nach den Plänen von Ernst Georg Sonnin in den Himmel wächst und 1762 feierlich eröffnet wird, gilt mit seinem 1786 vollendeten, markanten klassizistischen Turm schon bald als Wahrzeichen, als weithin sichtbare Landmarke, an der sich die in den Hafen einlaufenden Schiffe orientieren. Auch Johann Laeisz findet Arbeit auf dem Bau der neuen Hauptkirche, wo er als Zimmerpolier tätig wird. Er lebt sich ein, heiratet und wird 1763 Vater eines Sohnes, den er Johann Hartwig nennt. Dieser eröffnet als junger Mann einen Laden, in dem er Kolonialwaren verkauft, also Produkte wie Kaffee, Tee oder Gewürze, die per Schiff aus fernen Weltgegenden nach Europa gebracht werden und nicht selten als Luxusgüter gelten.

Die Stadtrepublik Hamburg besitzt zwar keine Kolonien, verfügt aber über umfangreiche Handelskontakte, sodass der Umschlag von überseeischen Produkten im Hafen immer weiter zunimmt. Die Geschäfte scheinen gut zu gehen, Johann Hartwig Laeisz

So wie auf dem berühmten Gemälde von Johann Georg Stuhr (Ausschnitt) dürfte der Hafen auch noch Mitte des 18. Jahrhunderts ausgesehen haben, als Johann Laeisz nach Hamburg kam. Zunächst fand er Arbeit beim Wiederaufbau der durch Blitzschlag zerstörten Michaeliskirche (rechts).

wird zwar nicht reich, aber ist immerhin gut situiert und gründet eine Familie. 1791 heiratet er Catharina Maria Greve und wird in den folgenden Jahren Vater von zehn Kindern. Der 1793 geborene Anton Bernhard eröffnet eine Buchhandlung, was in dieser von der Aufklärung geprägten Zeit eine gute Geschäftsidee ist, zumal in Hamburg. 1805 hat Friedrich Christoph Perthes am Jungfernstieg die erste reine Sortimentsbuchhandlung Deutschlands eröffnet, was die Hansestadt zum Trendsetter im Buchhandel macht.

Der zehn Jahre jüngere Carl Martin wird ein vielbeschäftigter Maler und Zeichner. Seine Stadtansichten und Landschaftsmotive lassen sich offenbar gut verkaufen. Der 1801 geborene Ferdinand scheint

Ferdinand Laeisz (1801–1878) war der Gründer der bis heute bestehenden Reederei. Diese Fotografie entstand 1867.

hingegen seinen Platz im Leben erst einmal suchen zu müssen. Dabei wird gerade er es sein, der später den enormen wirtschaftlichen Erfolg seiner Familie begründet. Als er die Nicolaischule zu Ostern 1815 verlässt, ist er 14 Jahre alt und will zur See fahren. Er heuert auf dem Blankeneser Schoner ELISABETH an, doch die Reise steht unter keinem guten Stern. „Aber nur einmal bin ich mit dem Schiffe in See gewesen, dann mussten wir wegen Havarie zurücklaufen, und mit meiner Seefahrerei war es zu Ende, da meine Eltern darauf drangen, ich solle ein Handwerk erlernen", schreibt Ferdinand Laeisz in seinen Lebenserinnerungen. So tritt er bei dem Buchbinder Cornelius in die Lehre, macht aber keine guten Erfahrungen, da er wenig lernt und schlecht behandelt wird. Nach Abschluss der vierjährigen Lehre geht er erst einmal auf Wanderschaft, reist durch Deutschland, probiert sich dabei aus, macht Erfahrungen und lernt etwas von der Welt kennen. Zum Beispiel die Mode jener Zeit, in der die wohlhabenden Bürger immer mehr dazu übergehen, Zylinderhüte zu tragen. 1821 arbeitet er in einer ziemlich großen Buchbinderei in Berlin, die ihr Betätigungsfeld deutlich erweitert hat. Darüber schreibt er: „Dazu lernte ich auch nebenbei alle möglichen Galanteriearbeiten, und als damals gerade die seidenen Hüte in die Mode kamen, nahmen wir auch diesen Geschäftszweig auf, und erlangte ich darin eine Fertigkeit, welche mir später von großem Nutzen werden sollte." Hier scheint sich eine interessante Perspektive zu eröffnen.

Als er auf dringenden Wunsch seiner Mutter am 24. März 1824 in die Heimatstadt zurückkehrt, übernimmt er aber erst einmal pflichtgemäß den „kleinen Handel mit holländischen Waaren" im elterlichen Laden in den Kleinen Mühren 105. Das Geschäft läuft allerdings in dieser Zeit mehr schlecht als recht, und so erinnert er sich an die Zylinderhüte, die vor allem in farbigen Varianten gerade schwer angesagt sind. Sie werden mit Velpel, einem pelzartig anmutenden Seidensamt, bespannt. Da Ferdinand Laeisz geschickte

Vater, Sohn und Enkel machten im Lauf des 19. Jahrhunderts aus einer kleinen Firma eine Reederei von Weltruf: Die von dem Hamburger Maler Ernst Eitner gestaltete „Ahnentafel" zeigt Ferdinand Laeisz, Carl Laeisz und den früh verstorbenen Carl Ferdinand Laeisz.

Hände hat, fällt es ihm nicht schwer, solche Zylinder herzustellen. Eine richtige Werkstatt hat er zunächst nicht, er produziert die Hüte in seinem Elternhaus. Das befindet sich in der zwischen Rödingsmarkt und Alsterfleet gelegenen Herrlichkeit. Heute ist die einst recht noble Straße von einem Parkhaus überbaut. „Ich ging mit aller Macht an die Arbeit, so dass ich im Laufe des ersten Jahres kaum zehn Sonntage unbeschäftigt war und mir auch nachts nur den nötigsten Schlaf gönnte. Ich arbeitete deshalb so anstrengend, weil man allgemein der Meinung war, dass es mit den seidenen Hüten als einem Artikel vorübergehender Mode bald wieder vorbei sein würde, und auch weil ich keinen Gehilfen finden konnte, welcher sich auf die Arbeit verstand",

schreibt Laeisz in seinen Erinnerungen. Aber er täuscht sich, denn die Zylinder verkaufen sich nicht nur kurzzeitig, sondern dauerhaft so gut, dass die ortsansässigen Hutmacher die Stirn runzeln und sich überlegen, was man gegen diese neue Konkurrenz tun kann. Doch der junge Mann kennt die Spielregeln und nimmt den alteingesessenen Handwerkern buchstäblich den Wind aus den Segeln, indem er sich als Hutmacher offiziell anlernen lässt. Am 26. Mai 1826 legt er einer Kommission sein Meisterstück vor, an dem partout nichts auszusetzen ist. Außerdem heiratet er nur wenige Tage später Johanna Ulrike Catharina Kreutzburg, deren Vater ein Ältermann des Hamburger Hutmacheramtes ist – und zuvor gegen den späteren Schwiegersohn Klage

Der Hafen von Buenos Aires im 19. Jahrhundert. 1825 exportierte Laeisz erstmalig Zylinderhüte in die argentinische Hauptstadt.

geführt hat. Noch im selben Jahr erwirbt Ferdinand Laeisz das Hamburger Bürgerrecht. Nun kann niemand mehr etwas dagegen haben, dass er einen florierenden Handwerksbetrieb unterhält.

Hamburg ist in jenen Jahren noch dabei, sich von den Folgen der Napoleonischen Kriege und der „Franzosenzeit" zu erholen, in der die Stadt von 1806 bis 1814 von Frankreich besetzt und sogar annektiert worden ist. Nachdem die Kontinentalsperre dem Handel extrem geschadet und viele hanseatische Firmen in den Ruin getrieben hat, geht es jetzt wieder bergauf. Zwar ist Deutschland noch immer zersplittert und der Handel wird durch zahlreiche Zollschranken unnötig erschwert, aber durch die Industrielle Revolution, die in England begonnen hat und nun auch den Kontinent nach und nach erfasst, steigt die Warenproduktion und damit auch der wirtschaftliche Druck, Handelsschranken nach und nach zu beseitigen. Mit dem 1834 gegründeten Deutschen Zollverein werden die Weichen in Richtung eines einheitlichen Wirtschaftsgebiets gestellt, das freilich erst nach der Reichsgründung 1871 vollständig verwirklicht werden kann.

In dieser von Veränderungen geprägten Zeit kann Ferdinand Laeisz mit der Produktion der farbigen Zylinderhüte gutes Geld verdienen. Zunächst verkauft er diese Luxusartikel vor allem an Hamburger und Bremer Geschäftsleute und Senatoren. Dann kommt er aufgrund des geschäftlichen Erfolgs auf eine neue interessante Idee: „Nachdem ich so viel verdient hatte, dass ich mich auf weiter ausschauende Unternehmungen einlassen konnte, machte ich den Versuch, ein eigenes Geschäft über See aufzusetzen", erinnert er sich. Er plant nun, die Zylinder ins Ausland zu exportieren, und gibt 1825 eine Ladung davon einem befreundeten Kapitän mit, der mit seinem Schiff nach Buenos Aires fährt. Dort stoßen die Hüte aus Hamburg auf allergrößtes Interesse und sind unter den wohlhabenden Geschäftsleuten sozusagen der letzte Schrei. Der Transport erweist sich allerdings als schwierig, weil die Zylinder ziemlich sperrig sind und in sicherer Verpackung viel Platz beanspruchen. Damit verursachen sie auch hohe Frachtkosten. Mit einem entfernten Verwandten, einem gewissen Bonne, bespricht Ferdinand Laeisz dieses Problem. Man erörtert auch die Bezahlung, die sich mitunter als kompliziert erweist, da die Abnehmer oft nicht das nötige Bargeld zur Hand haben und stattdessen mit den Naturprodukten bezahlen wollen, die damals als Kolonialwaren bezeichnet werden. Aber was soll ein Hutfabrikant damit anfangen? Um an Geld zu kommen, muss er sie verkaufen und diesen Verkauf auch möglichst schnell professionalisieren. Also bietet es sich an, selbst Im- und Export-Kaufmann zu werden – damals ein Beruf mit Zukunft.

Schließlich kommen Laeisz und Bonne überein, eine Firma in Buenos Aires zu gründen, die einerseits vor Ort produziert, aber auch Hüte – und bald außerdem andere Waren – aus Hamburger Produktion verkauft. Nachdem die Firma Laeisz & Bonne erfolgreich Fuß gefasst hat, expandiert Laeisz in Südamerika mit gleich mehreren Tochterfirmen. Bald gibt es Niederlassungen im brasilianischen Bahia, in Caracas, in Santiago de Chile, in Lima und auf Kuba. Nicht immer hat er mit seinen Partnern vor Ort Glück, so veruntreut der Geschäftsführer der Faktorei in Caracas in Venezuela das Firmengeld und nimmt sich anschließend das Leben. Trotzdem „war der Erfolg ein außerordentlich günstiger", wie Laeisz zufrieden notiert, denn in Südamerika ist die Nachfrage nach Zylindern *made in Hamburg* enorm.

Seinen Namen erhält der Hut aufgrund seines zylindrischen Kopfes, der sich über einer festen Krempe erhebt. Die markante Form stammt aus England, von wo aus der Zylinder sich seit Anfang des 19. Jahrhunderts auch in Kontinentaleuropa verbreitet und bald als Symbol des gutsituierten Bürgers gilt. Da man sich in Südamerika gern an der europäischen Mode orientiert, ist dieser Hut dort sehr gefragt.

2

LAEISZ WAGT SICH AUFS MEER

Die schwierigen Anfänge der Reederei

Ende der 1820er-Jahre ist Ferdinand Laeisz das, was man heute als erfolgreichen Start-up-Unternehmer bezeichnen würde. Auch privat geht es ihm gut, am 27. April 1828 wird sein Sohn Carl Heinrich geboren, was sein „häusliches Glück dauernd begründet". Es wird freilich sein einziges Kind bleiben. 1839 geht Ferdinand ein Wagnis ein, indem er der Lübecker Werft J. Meyer den Auftrag zum Bau eines eigenen Schiffs erteilt. Es soll eine Brigg sein, also ein Zweimaster, der mit 96 Commerzlasten vermessen wird, was etwa 220 Bruttoregistertonnen entspricht. Es ist ein ansehnliches Schiff, das auch seinen Preis hat. 42 000 Mark Banco kostet der Segler, der 1840 fertig ist. Sehr wahrscheinlich ist der damals zwölf Jahre alte Carl Laeisz stolz, denn das Schiff trägt seinen Namen. Nun kann sich Ferdinand Laeisz auch als Reeder fühlen, hat damit aber am Anfang anscheinend nicht sonderlich viel Glück. Von der Brigg CARL sind nur zwei Reisen bekannt, von die erste nach Recife und nach Rio de Janeiro führt, während die zweite Guayaquil zum Ziel hat, den wichtigsten Hafen von Ecuador. Die Ladung besteht aus Stückgut und – natürlich – aus Zylindern mit farbigem Seidenbezug.

Höchstwahrscheinlich hat die CARL auch noch weitere Reisen unternommen, nur sind deren Ziele nicht überliefert worden. Offenbar ist das Schiff für Laeisz nicht besonders profitabel. Und das dürfte zum Teil auch daran liegen, dass das Aufnehmen und Löschen von Ladung in dieser Zeit noch eine recht mühselige Angelegenheit ist, die von der Mannschaft mit Muskelkraft erledigt werden muss. Da es noch kaum

Das erste Reiseziel der Brigg CARL ist Rio de Janeiro, hier auf einem Gemälde des brasilianischen Malers Alessandro Cicarelli aus dem Jahr 1844 (Ausschnitt). Zur Ladung gehören Zylinderhüte, die bei modebewussten Herren Mitte des 19. Jahrhunderts enorm begehrt sind.

Als im Mai 1842 in Hamburg der Große Brand ausbricht, reagiert Ferdinand Laeisz couragiert. Er lässt die Waren aus seinem Lager räumen und auf Schuten abtransportieren und setzt seine Angestellten erfolgreich zur Brandbekämpfung ein.

Agenten gibt, muss sich der Kapitän selbst um Verkauf und Kauf von Ladung kümmern – und das kann dauern. Allerdings verfügt Laeisz ja inzwischen in Südame-

rika über eine ganze Reihe von Niederlassungen, was Absprachen ermöglicht und das Geschäft erleichtert. Erfolgreiche Reeder, daran besteht kein Zweifel, brau-

chen ein festes Netz von Niederlassungen in Übersee. Dumm nur, dass ausgerechnet in den 1840er-Jahren der Absatz von Zylinderhüten deutlich zurückgeht. Zum Glück gibt es noch jede Menge andere Handelsgüter, die zwischen der Alten und der Neuen Welt transportiert werden.

Die CARL liegt gerade in Hamburg und soll eigentlich wieder nach Südamerika auslaufen, als der Große Brand am 5. Mai 1842 in einem Haus an der Deichstraße ausbricht und weite Teile der Hansestadt vernichtet. Warenlager und Kontorhaus der Firma Laeisz liegen auf der Marschinsel Grimm im Mündungsgebiet der Alster in die Elbe, nur unweit vom Brandherd entfernt. Als das Feuer ausbricht, reagiert Ferdinand Laeisz schnell, couragiert und weitsichtig. Er trommelt seine Leute zusammen und lässt die wertvollen Güter, die übrigens nur unzureichend versichert sind, in Windeseile auf Schuten laden und so in Sicherheit bringen. Außerdem funktioniert er kurzerhand

Rumfässer in Löschkübel um, die immer wieder aufs Neue mit Winden ins Dachgeschoss gezogen werden, von wo aus die Angestellten das Kontorhaus gegen die Flammen verteidigen – und das Nachbarhaus, dessen Bewohner zuvor in Panik geflohen sind, gleich mit. So bleibt die Firma von Verlusten verschont und ihr Besitzer gewinnt weiter an Ansehen. Dank seiner guten Südamerikakontakte wird er Konsul der Republik Peru und gehört damit ohnehin zu den Honoratioren der Hansestadt.

Gegen ungünstige politische Rahmenbedingungen ist aber auch Ferdinand Laeisz machtlos. Eigentlich ist es nämlich eine gute Geschäftsidee, mit der Tran-Großfirma Tietgen & Robertson zu kooperieren. Der beim Walfang gewonnene Tran ist Mitte des 19. Jahrhunderts äußerst begehrt, weil Tranleuchten ein viel helleres Licht spenden als die herkömmlichen Rüböllampen. Also beteiligt sich Laeisz 1843 mit 20 000 Mark Banco an der „Südsee Fischerey Compagnie zu Hamburg". Mit der Bark HAMBURG und dem Vollschiff ELBE will man auf Walfang gehen, um anschließend den begehrten Tran gewinnbringend zu verkaufen. Da bricht 1848 der Konflikt zwischen dem Deutschen Bund und Schleswig-Holstein einerseits und Dänemark andererseits aus. Im Zuge dieser sogenannten Schleswig-Holsteinischen Erhebung blockiert die dänische Marine die Elbe, sodass der norddeutsche Seehandel zum Erliegen kommt. Eines der beiden Laeisz-Schiffe sitzt monatelang samt Besatzung und Ladung in England fest, die Walfang-Firma verdient kein Geld, schreibt tiefrote Zahlen und muss schon fünf Jahre nach ihrer Gründung wieder aufgelöst werden. Und auch die Brigg CARL wirft für Laeisz nicht den erhofften Gewinn ab, sodass er sich 1847 entschließt, sie wieder zu verkaufen. Bringen mir Schiffe einfach kein Glück? könnte sich Ferdinand Laeisz damals gefragt haben, ohne zu ahnen, dass seine große Karriere als Reeder damals noch vor ihm liegt.

3

WER IST EIGENTLICH PUDEL?

Wie ein Spitzname zum weltberühmten Markenzeichen wird

Carl Heinrich Laeisz ist ein Einzelkind und wächst privilegierter auf als sein Vater Ferdinand. Er muss kein Handwerk mehr erlernen, sondern absolviert gleich eine solide kaufmännische Ausbildung. Erste Erfahrungen sammelt er im Bremer Handelshaus E. C. Schramm, in dem ihn der Vater unterbringt. Anschließend durchläuft er, heute würde man sagen, ein Trainee-Programm, das ihn nach Frankreich, England und sogar nach Übersee führt. Hanseatische Kaufleute sind zu dieser Zeit weltgewandt, sprechen mehrere Fremdsprachen und sammeln ihre Erfahrungen oft in fernen Ländern. Wie selbstverständlich diese internationalen Verbindungen schon Mitte des 19. Jahrhunderts sind, hat Thomas Mann in den „Buddenbrooks" geschildert, und zwar am Beispiel des eher geschäftsuntüchtigen Christian Buddenbrook, der seine Lehrjahre nicht nur in London, sondern auch in Valparaíso absolviert, wenn auch ohne den gewünschten Erfolg. Carl Laeisz ist aus anderem Holz geschnitzt, er lernt offenbar schnell und ist in kaufmännischer Hinsicht sehr begabt. Am 1. März 1852 tritt er in die väterliche Firma ein und wird dort mit knapp 24 Jahren Teilhaber.

Schnell arbeitet er sich ein, organisiert geschickt den schwierigen Handel mit Gegenerlös-Importwaren und erweist sich mit neuen Ideen als ebenso kompetent wie zuverlässig. Der Vater ist jedenfalls sehr zufrieden und verbindet rückblickend mit dem Eintritt des Sohnes einen „weiteren bedeutenden Aufschwung" der Firma. Er vertraut dem jungen Kaufmann von Anfang an voll und ganz und nutzt seinen eigenen neu gewonnenen Freiraum für ausgedehnte Geschäftsreisen, die ihn oft mehrere Monate lang nach Skandinavien, in den Mittelmeer-

An der Fassade erinnert unter zwei Putten, die eine Lyra halten, der Schriftzug „Laeiszhalle" an die Stifter des Hamburger Konzertgebäudes. Das Foto rechts zeigt Sophie Laeisz als junge Frau mit der charakteristischen Frisur, die ihr den Spitznamen Pudel eingebracht hat.

raum, in die Levante, auf die Krim und 1853 sogar bis in die USA führen.

Könnte man die dabei gewonnenen neuen Geschäftsbeziehungen nicht noch viel besser nutzen, wenn man eigene Schiffe einsetzen würde? fragt sich derweil in Hamburg Carl Laeisz. Und er fragt natürlich nicht nur sich selbst, sondern schon bald auch den Vater, der angesichts der negativen Erfahrungen mit der Brigg CARL zunächst offenbar noch zögert. Aber Carl lässt nicht locker, und schließlich einigt man sich darauf, doch wieder ins Reedereigeschäft einzusteigen, allerdings vorsichtig und mit Augenmaß. So kauft die Firma 1856 den Schoner SOPHIE UND FRIEDERIKE, ein ziemlich bescheidenes Holzschiff von 26 Meter Länge. Aber der Anfang gelingt, das Reedereigeschäft lässt sich gut an, deshalb erwerben Vater und Sohn im Jahr darauf die deutlich größere Brigg ADOLPH.

Das Schiff heißt so nach seinem Vorbesitzer, dem Reeder Adolph Godeffroy. Und den kennt Ferdinand Laeisz bestens, denn 1847 haben die beiden gemeinsam mit drei weiteren Geschäftsleuten die Hamburg-Amerikanische Packetfahrt-Actien-Gesellschaft (Hapag) gegründet, freilich ohne zu ahnen, welche enorme Bedeutung diese Reederei einst haben wird. Laeisz ist erst einmal mit seinen zwei Schiffen zufrieden, denn die sind gut ausgelastet und bringen der Firma ordentlichen Gewinn. Bald entschließen sich Vater und Sohn jedoch dazu, bei der Hamburger Stülcken-Werft einen Neubau in Auftrag zu geben. 1857 wird

Die Pudelskulptur auf dem Mittelgiebel des Laeiszhofes ist eine humorvolle Reverenz an Sophie Laeisz.

die hölzerne Bark, an der übrigens zur Hälfte der befreundete Geschäftsmann Wilhelm Reimers beteiligt ist, auf den Namen PUDEL getauft. Ein merkwürdiger Name für ein Schiff, könnte man meinen, aber ein Name mit besonderer Bedeutung.

Um zu verstehen, was es mit PUDEL auf sich hat, müssen wir einen

Der Kaufmann Adolph Godeffroy (1844–1893) war einer der erfolgreichsten Hamburger Reeder des 19. Jahrhunderts.

Blick auf das Privatleben des Juniorchefs werfen. Carl Heinrich Laeisz ist 24 Jahre alt, als er am 10. November 1852 die Kaufmannstochter Sophie Christine Knöhr heiratet. Die 21-Jährige ist die fünfte Tochter des Schiffsmaklers Christian Ludwig Knöhr, dessen Firma Knöhr & Burchard schon seit 1814 besteht. Es ist keine aus Geschäftskalkül begründete Ehe, sondern offenbar eine Liebesheirat. Jugendbilder zeigen, dass Sophie eine hübsche junge Frau mit ziemlich krausen Haaren ist. Auf späteren Fotos ist zu sehen, dass sie oft hochgetürmte Frisuren trägt, was imposant und auffällig wirkt. Auf jeden Fall haben die Haare ihr den Spitznamen Pudel eingebracht, der nicht nur in ihrer Familie üblich, sondern auch weit darüber hinaus bekannt zu sein scheint. Pudel, oder auch Pudelchen, wie sie gern genannt wird, führt sich gut ein in der Familie Laeisz, der Schwiegervater ist sehr angetan von ihr. In seinen Erinnerungen schreibt er: „Carl führte uns nicht nur eine vortreffliche Schwiegertochter, sondern auch einen großen Familienkreis von ehrenwerten und liebenswürdigen Leuten zu, mit welchen wir allzeit in intimer Verbindung geblieben sind."

Ferdinand Laeisz wird also garantiert nichts dagegen gehabt haben, den ersten Schiffsneubau nach der allseits beliebten Schwiegertochter zu nennen. Interessant ist, dass man das neue Schiff aber eben nicht Sophie nennt, was eigentlich nahegelegen hätte, sondern den Kosenamen wählt. Das offenbart zumindest einen ausgeprägten Sinn für Humor. Es kann aber auch daran gelegen haben, dass der eigentliche Name durch den Schoner Sophie und Friederike schon vergeben war. Der Kosename ist jedenfalls so beliebt, dass sich der Pudel schon bald zum Maskottchen der Reederei entwickelt. Eine Pudelskulptur krönt sogar bis heute weithin sichtbar den imposanten Mittelgiebel des 1897/98 am Nikolaifleet errichteten Kontorhauses Laeiszhof, des Firmensitzes der Reederei. Folgenrei-

cher ist allerdings die Tatsache, dass später fast alle Namen der Laeisz-Schiffe von Sophies Kosenamen abgeleitet werden, genauer gesagt, von dessen erstem Buchstaben: Pacific, Peru, Panama, Prinzess, Pommern, Passat, Padua oder auch die Peking.

An solche großen und schnellen Schiffe ist zunächst noch gar nicht zu denken, aber immerhin ist seit der Indienststellung der Bark Pudel 1857 klar, dass sich die Handelsfirma F. Laeisz immer mehr zur Reederei entwickeln wird. Doch die Zeiten sind schwierig: Viele Hamburger Firmen leiden erheblich unter der im Spätsommer 1857 ausbrechenden internationalen Wirtschaftskrise, manche gehen sogar Bankrott, und Ferdinand rechnet schon mit der Zahlungsunfähigkeit. Doch sein Sohn Carl kann ihn beruhigen, ihm gelingt

Dieses Gemälde zeigt die Bark Pudel im Trockendock der Stülcken-Werft.

es auch, durch besonnenes Handeln, die Reederei wieder in ruhigeres Fahrwasser zu lenken. Mehr noch: Jetzt geht es erst richtig los. In den folgenden Jahrzehnten lässt F. Laeisz Schiffe bauen oder kauft sie anderen Reedern ab, verzichtet zunächst aber noch auf die P-Namensgebung. So trägt die 1858 erworbene Brigg den Namen SCHILLER, was Ferdinand gewiss zusagt, da er ein großer Bewunderer des deutschen Nationaldichters ist. Zwei Jahre später folgen die Barken INDIA und COSTA RICA. 1862 kommt es gleich zu vier Ankäufen, so erwirbt F. Laeisz die Bark NEPTUN, die Brigg PERU sowie die Barken PANAMA und PERSIA: Drei der vier Neuzugänge haben das P als Anfangsbuchstaben, was zu dieser Zeit wohl schon Absicht ist, aber noch keine strenge Firmenrichtlinie.

Seit Anfang der 1860er-Jahre besitzt die Reederei F. Laeisz bereits eine ansehnliche Flotte. Im Jahr 1870 verfügt sie über zehn Schiffe und nimmt inzwischen unter Hamburgs Segelschiff-Reedereien den fünften Platz ein. Nach und nach werden die in die Jahre gekommenen ersten Schiffe ausgemustert und durch größere, modernere und leistungsfähige-

Die hölzerne Brigg PERU gehörte zu den Flying-P-Linern. Dieses Foto entstand in Port Chalmers auf der Südinsel von Neuseeland.

re ersetzt. Fast jedes Jahr kauft die Reederei mit der FL-Flagge, die für Ferdinand Laeisz steht, nun Schiffe dazu, meistens von der Hamburger Reederei J.T. Bahr. Deren Besitzer ist Julius Theodor Bahr, der vorzügliche Geschäftsbeziehungen nach Südamerika unterhält, vor allem nach Chile und Peru.

So vermittelt Bahr zum Beispiel ein äußerst lukratives Geschäft zwischen einer gewissen Dona Carolina Garcia de la Huerta, die offenbar über beträchtliche Mittel verfügt, und der Hamburger Stülcken-Werft. Der Auftrag umfasst den Bau einer größeren Anzahl von Barken, die alle spanische Namen tragen und unter chilenischer Flagge fahren. Das ist insofern von Bedeutung, als Hamburg 1864 von den Auswirkungen des Deutsch-Dänischen Kriegs betroffen ist. Hamburger Schiffe können die dänische Blockade nicht durchbrechen, chilenische Schiffe aber durchaus. So ist es ziemlich clever, dass F. Laeisz aus diesem Bestand gleich mehrere Barken erwirbt und deren spanische Namen beibehält. Sie heißen MERCEDES, ROSA Y ISABEL, CAROLINA, HENRIQUE, THEODORA, RICARDO und DON JULIO. Mehr noch, auch dank der Kontakte von Julius Theodor Bahr kann die Reederei F. Laeisz nun noch stärker in Südamerika Fuß fassen. 1862 erreichen Segler mit der FL-Flagge erstmals den chilenischen Hafen Valparaíso. Ob sie da schon wissen, welche Bedeutung dieser und weitere südamerikanische Häfen in den kommenden Jahrzehnten für die Reederei haben werden?

Aber schauen wir noch einmal auf Pudel, also Sophie Laeisz, und ihren Ehemann Carl. Ein Jahr nach der Eheschließung wird am 10. August 1853 der Sohn Carl Ferdinand geboren, der wie sein Vater ein Einzelkind bleibt. Der Großvater ist glücklich, er kümmert sich besonders intensiv um den Enkel, verbringt viel Zeit mit ihm und unternimmt mit ihm auch Ausflüge in die Stadt, die Umgebung und weit darüber hinaus. Dazu schreibt er: „Im Sommer 1873 machte ich mit meinem Enkel eine Wanderung, meist zu Fuß, durch das Salzkammergut und hatte die Befriedigung bei der Besteigung des Schafberges noch ganz gut mitkommen zu können und durch eine prachtvolle Aussicht belohnt zu werden. Im Anschluss an diese Reise besuchten wir die Wiener Weltausstellung, welche an Umfang und Großartigkeit ihre Vorgänger zu London und Paris noch erheblich übertraf. Im folgenden Jahre besuchte ich meinen Enkel in London und konnte mich, da er dort gut Bescheid wusste, noch einmal gründlich in dieser mir immer vorragend interessanten Handelsmetropole durch den Augenschein orientieren. 1875 begleitete ich meinen Enkel auf seiner Reise nach Südamerika bis Paris und sah mich noch eine Woche lang in seiner Begleitung in dieser Stadt des Luxus und des Wohllebens um, welche ich seit 20 Jahren nicht besucht hatte und ganz außerordentlich verschönert fand."

Die Familie Laeisz gehört zur tonangebenden Schicht in Hamburg. Man ist stolz auf den Erfolg, weltgewandt, pflegt eine bürgerliche Lebensweise und schaut mit Zuversicht in die Zukunft. Ferdinand Laeisz wird als erfolgreicher Geschäftsmann geschätzt, ist sich seiner Stellung dabei durchaus bewusst. Er ist geistig interessiert und sehr belesen, hat eine liberale Grundeinstellung, ist sozial engagiert und lehnt zum Beispiel die Sklaverei, die er bei seinen Reisen kennengelernt hat, grundsätzlich ab. Er kann poltern und seine Meinung ohne viel diplomatisches Gespür zum Ausdruck bringen, gilt aber zugleich als warmherzig und gütig. Im „Hamburgischen Correspondenten" findet sich später als Nachruf die folgende Charakterstudie:

„Die kräftige Gestalt mit dem energischen Kopfe und den lebhaften Augen, die rasche, energische Sprache und ein kaustischer (gemeint ist beißender) Humor, dem das rechte Schlagwort im gegebenen Augenblick immer zu Gebot stand, zeigen ihn als eine volle und ganze Persönlichkeit, die mit echt hamburgischer Derbheit und rücksichtslosem Dreinfahren ihre Kraft kundzugeben pflegte. Unter seiner rauen Weise schlug ein warmes Herz und nicht selten setzte er seiner eigenen Weichmütigkeit ein polterndes Wort als Damm entgegen."

Der Enkel Carl Ferdinand entwickelt sich ganz so, wie sich das die Eltern und der Großvater wünschen. Selbstverständlich absolviert er eine kaufmännische Ausbildung, die er in London abschließt. Dann tritt er eine zweijährige Weltreise an, bevor ihn Vater und Großvater 1879 als Teilhaber ins Geschäft aufnehmen. Acht Jahre später wird der Seniorchef hochbetagt sterben. Carl Ferdinand setzt inzwischen eigene Akzente, baut ein Seeversicherungsgeschäft auf, beteiligt sich auch an einer Dampfschiffreederei, wirkt zeitweise als Aufsichtsrat bei der Hapag, zählt zu den Begründern der See-Berufsgenossenschaft und gehört auch dem Vorstand der Handelskammer an, einige Jahre sogar als Präses. Außerdem betätigt er sich politisch. Von 1892 bis zu seinem Tod ist er Mitglied der Hamburgischen Bürgerschaft. Auf Porträts wirkt er im Gegensatz zu seinem eher bärbeißig anmutenden Vater wie ein Feingeist, ein Intellektueller. Er ist erfolgreich, hat zwei Söhne, und eigentlich sind seine Zukunftsaussichten glänzend. Doch völlig unerwartet stirbt er mit nur 47 Jahren auf eine merkwürdige, geradezu unsinnige Weise. Dazu schreibt Johannes Gerhardt in seiner biographischen Studie „Sophie und Carl Heinrich Laeisz":

„Zu Beginn des Jahres 1900 wurde die Stadt Hamburg von einer Grippewelle erfasst, von der auch Carl Ferdinand Laeisz betroffen wurde. Nachdem er einige Wochen an der Krankheit laboriert hatte, kam er auf die seltsame Idee, an einem Tag mit dem Fahrrad von Hamburg nach Schwerin und zurück zu fahren, um

Auf dem zentralen Treppenabsatz der Laeiszhalle trägt eine Gedenktafel mit Porträtmedaillons die Namen der beiden Stifter.

dadurch den Infekt loszuwerden. Nach dieser Parforce-tour verschlimmerte sich jedoch seine Lage dramatisch infolge einer ‚Vergrößerung des Herzens', und er verstarb am 22. August 1900, ohne sich noch einmal erholt zu haben. Der unerwartete Verlust des Sohnes, auf den er besonders stolz gewesen war, traf Carl Laeisz schwer."

Der Vater überlebt den Tod des Sohnes nur um sieben Monate und stirbt am 23. März 1901 im Alter von knapp 73 Jahren in Hamburg. Weniger als einen Monat zuvor, am 28. Februar 1901, haben Sophie und Carl Laeisz ein gemeinschaftliches Testament aufgesetzt. Das ist einerseits wichtig, um den Bestand der Firma und deren weitere Entwicklung zu sichern, andererseits verfolgt das Ehepaar damit einen mäzenatischen Ansatz. Während die Reederei künftig von drei leitenden Mitarbeitern weitergeführt wird, die Carl Laeisz noch kurz vor seinem Tod zu Prokuristen bestimmt hat, wird er gemeinsam mit Sophie als bedeutender Stifter in die Hamburger Geschichte eingehen. Im Testament bestimmen sie nämlich 1,2 Millionen Mark zur Erbauung einer „würdigen Stätte für die Ausübung und den Genuss edler und ernster Musik". Nach dem Tod ihres Mannes stockt Sophie Laeisz die Summe sogar auf zwei Millionen Mark auf.

Dass Hamburg zu Beginn des 20. Jahrhunderts dringend eine hochklassige Konzerthalle braucht, steht außer Frage. Der Senat nimmt die großherzige Stiftung auch dankend an, hat aber mit der damit verbundenen Bedingung zunächst seine liebe Not. Denn Sophie Laeisz legt Wert auf den Vorbehalt, dass die Stadt ein geeignetes Grundstück zur Verfügung stellt. Darüber wird heftig diskutiert, bis sich die Herren Senatoren 1903 schließlich darauf einigen, ein etwa 5000 Quadratmeter großes Areal am damaligen Holstenplatz zur Verfügung zu stellen. Den Zuschlag erhalten die namhaften Hamburger Architekten Martin Haller, der schon den Rathausbau federführend geleitet hat, und sein Kollege Wilhelm Emil Meer-

wein. Von ihm stammt auch der imposante Laeiszhof am Nikolaifleet, der Firmensitz der Reederei, den er 1897/98 gemeinsam mit Martin Haller und Bernhard Hansen errichtet hat, ebenso wie der Kaispeicher B, in dem heute das Internationale Maritime Museum Hamburg untergebracht ist. Im Lauf von nur fünf Jahren errichten Haller und Meerwein eine neobarocke Konzerthalle mit zwei Sälen, die am 4. Juni 1908 mit einem Festkonzert eingeweiht wird. Obwohl der Name Laeiszhalle von Anfang an in einer von Putten bekrönten Kartusche als Schriftzug zu lesen ist, spricht man in Hamburg zunächst meistens von der Musikhalle. Vor allem in der NS-Zeit wird allein diese Bezeichnung gebraucht. Erst im Januar 2005 kommt es zur Rückbenennung in Laeiszhalle, deren Name sich inzwischen längst durchgesetzt hat. Damit soll an das mäzenatische Engagement des Reederehepaars erinnert werden, außerdem heißt es in einer damals veröffentlichten Erklärung: „Die jetzigen Eigentümer der Reederei F. Laeisz, die Familie Schües und insbesondere der derzeitige Vorsitzende unseres Freundeskreises, Nikolaus W. Schües, haben mit diesem Datum dankenswerter Weise eine neue Verantwortung für die ehrwürdige Halle übernommen."

Und Sophie Laeisz alias Pudel? Sie bringt sich während des Bau- und Planungsprozesses des Konzerthauses intensiv ein, aber ausgerechnet zum Eröffnungskonzert kann sie nicht kommen, weil sie krank im Bett liegt. Dafür kann man ihr und ihrem Mann noch immer im Konzerthaus am Johannes-Brahms-Platz begegnen: In der Mitte des Haupttreppenhauses sind zwei Porträtmedaillons zu sehen, darunter die Inschrift: „Carl Heinrich Laeisz und Frau Sophie Laeisz, geb. Knöhr. Stifter dieses Hauses. Erbaut 1903 – 1908." Die wenigsten Konzertbesucher werden allerdings wissen, dass diese Dame, die 1912 hochbetagt verstorben ist, mit ihrem Kosenamen bis heute dafür sorgt, dass überall auf der Welt Hamburger Schiffe unterwegs sind, deren Namen mit dem Buchstaben P beginnen.

4

GEGEN DEN TREND

Warum Laeisz auch im Dampfschiffzeitalter auf Segel setzt

Im Frühsommer 1816 ist Ferdinand Laeisz Buchbinderlehrling und hat noch nichts mit Schifffahrt zu tun. Da der damals 15-Jährige aber eigentlich gern zur See gefahren wäre, können wir wohl davon ausgehen, dass er sich die am 17. Juni zu erwartende Attraktion nicht entgehen lässt. Wahrscheinlich wird er sich irgendwo in der Menschenmenge, die die Hafenkante bevölkert, einen Platz gesucht haben. Tausende stehen dort, recken die Hälse und warten stundenlang, um einen Blick auf das Ungetüm zu erhaschen, das seit Tagen Stadtgespräch ist. Irgendwann geht ein Raunen durch die Menge, an der Flussbiegung wird eine Rauchfahne sichtbar, und bald darauf zeigt sich dieses merkwürdige Schiff, das zwar auch noch über Segel verfügt, aber – man glaubt es kaum – sich ganz ohne Windkraft elbaufwärts bewegt. Dafür zieht das neuartige britische Schiff THE LADY OF THE LAKE eine dicke schwarze Rauchfahne hinter sich her.

Der Reporter der „Hamburgischen Adreß-Comptoir-Nachrichten" schreibt kurz darauf begeistert: „Mit dem Strom und dem Wind ist es nicht möglich, die Schnelligkeit dieses Schiffes mit einem anderen zu vergleichen, und dennoch kann es auf den ersten Wink auf der Stelle zum Stillstand gebracht werden." Aber viele Menschen sind auch skeptisch, befürchten Explosionen und Brände. Und die Elbschiffer haben Angst, dass ihnen bald eine neue Konkurrenz erwachsen könnte. Zunächst scheinen die Skeptiker recht zu behalten, denn der Fährdienst zwischen Hamburg, Cuxhaven und dem britischen Glas-

Höhentauglichkeit gehörte zu den Einstellungsvoraussetzungen für die Besatzung der PEKING.
Das rechte Bild zeigt die LADY OF THE LAKE, das erste Dampfschiff, das auf der Elbe verkehrte.

gow ist zwar schnell, aber auch teuer und deshalb unrentabel. Vor allem aus diesem Grund stellt der britische Reeder die Verbindung auch schon im Sommer 1817 wieder ein. Allerdings bekommen die Hamburger bereits ein Jahr später das nächste Dampfschiff zu sehen, es ist die Dampffähre, die passenderweise „de Smöker" genannt wird und ab Juni 1818 Hamburg mit Harburg verbindet. Die Hafenverwaltung ist jedoch vorsichtig und verlegt aus Sorge um die stets feuergefährdeten Segelschiffe den Liegeplatz dieses und aller künftigen Dampfschiffe in sichere Entfernung vom Haupthafen elbabwärts vor die Schanze Jonas. Zwei 1837 installierte Pontons ermöglichen den Passagieren einen bequemeren Ein- und Ausstieg und den Schiffsführern ein weitgehend gefahrloses An- und Ablegen. Jahrzehnte später, nämlich von 1907 bis 1909, wird hier der repräsentative „Schiffsbahnhof" der St. Pauli-Landungsbrücken erbaut werden.

Wurden Dampfschiffe zunächst vor allem auf Flüssen und im Seeverkehr über kürzere Distanzen eingesetzt, treten sie bald den Beweis an, dass sich auch Atlantiküberquerungen mit Dampfkraft durchführen lassen, allerdings zunächst noch nicht ausschließlich. Die ersten Dampfschiffe sind nämlich im Grunde genommen nur erweiterte Segler, in die man zusätzlich eine Maschine eingebaut hat, die zwei seitlich angebrachte Schaufelräder antreibt. Der Propeller, der umgangssprachlich als Schiffsschraube bezeichnet wird, setzt sich erst seit den 1840er-Jahren durch.

Dank der zunächst nach wie vor verfügbaren Segel geht man auf „Nummer sicher", kommt im Fall eines Maschinenschadens vom Fleck – und auch dann, wenn die letzte Kohle verfeuert ist. Der enorme Kohleverbrauch ist nämlich der Schwachpunkt der neuen Technik. Die Kohle kommt die Reeder nicht nur teuer zu stehen, sondern nimmt einen großen Teil jenes Platzes weg, der auf Segelschiffen für die Fracht zur Verfügung steht. Andererseits sind Dampfer eben nicht mehr vom Wind abhängig und können auch schneller fahren als die meisten Segler. Trotzdem sehen viele Reeder, die Frachter über den Atlantik schicken, Anfang des 19. Jahrhunderts die Zeit für das Dampfschiff noch nicht

Die SAVANNAH überquerte den Atlantik 1819 in nur 27 Tagen und war damit etwa drei Tage schneller als ein leistungsfähiges Segelschiff.

gekommen. Wenn sie die Zeitungen aufschlagen, in denen über die ersten sensationellen Atlantiküberquerungen von Dampfern berichtet wird, fühlen sie sich bestätigt. Zwar schafft die amerikanische SAVANNAH, ein nur 33,5 Meter langes, zum Dampfer umgebautes Segelschiff, im Frühjahr 1819 erstmals die Strecke über den Großen Teich in 27 Tagen und elf Stunden und braucht damit etwa drei Tage weniger als ein schnelles Segelschiff. Doch die SAVANNAH fährt nur an zwölf Tagen mit Dampfkraft, danach ist die Kohle verfeuert. Fracht hat sie so gut wie keine an Bord, und kein einziger Passagier hat sich auf die Fahrt mit dem „Dampfsarg", wie die SAVANNAH in maßloser Übertreibung in der amerikanischen Presse tituliert wird, einlassen wollen. Doch die Technik wird ständig verbessert, und bald erweist sich der Dampferverkehr über den Atlantik gegenüber den Seglern als konkurrenzfähig – allerdings nur im Passagierbereich. Lediglich 18 Tage und 14 Stunden braucht die amerikanische SIRIUS im Frühjahr 1838 für die erste Atlantikpassage, die ausschließlich mit Dampfkraft bewältigt wird. Immerhin 94 Passagiere sind an Bord. Sogar drei Tage weniger benötigt die deutlich größere GREAT WESTERN, die noch am gleichen Tag überraschenderweise in New York eintrifft. Aufgrund einiger Missgeschicke im Vorfeld hat der Dampfer zwar nur sieben Passagiere an Bord, aber schon für die nächsten Fahrten sind die 128 Plätze meist ausgebucht. Hinzu kommen noch einmal 20 Betten im Vorschiff für die Diener, die ihren Herren im Bedarfsfall bei rauer See die Spucktüten reichen müssen. Mit der GREAT WESTERN setzt sich der Dampfer als schnelles Verkehrsmittel im Passagierverkehr über den Atlantik nach und nach durch. Beim Frachtverkehr sieht das noch anders aus.

Ferdinand Laeisz verfolgt diese Entwicklung mit großem Interesse. In seinen Erinnerungen schreibt er über die Situation zur Jahrhundertmitte: „Die Dampfschiff-Reederei vermochte in diesen Jahren überhaupt keine Seide zu spinnen, da sie wohl noch zu teuer arbeitete. Auch die erste deutsche Dampfschiff-Fahrt

zwischen Hamburg und England, bei welcher ich mich beteiligt hatte, lieferte ein ungünstiges Resultat, und im Oktober 1858 kam die schreckliche Nachricht von dem Verbrennen unseres Packetfahrt-Dampfers AUSTRIA auf hoher See mit einem Verlust von mehreren Hundert Menschenleben, unter welchen ich besonders den wackeren Capt. Heidtmann, meinen Freund von der Krimreise, betrauerte."

Laeisz ist kein Segelschiff-Traditionalist, sondern sieht die enormen technischen Errungenschaften und Möglichkeiten des 19. Jahrhunderts durchaus positiv. Wie stark er an den Innovationen der Industriellen Revolution interessiert ist, zeigt sich unter anderem daran, dass er die Weltausstellungen in London (1851), Paris (1855) und Wien (1873) besucht und begeistert darüber berichtet. Auf diesen großen internationalen Leistungsschauen wird die jeweils modernste Technik präsentiert und ein Fortschritt beschworen, der offenbar durch nichts zu bremsen ist.

Aber Laeisz ist bei aller Technikbegeisterung auch ein kühler Rechner, der alle Vor- und Nachteile gegeneinander aufwiegt. Und dabei kommt er zu dem Resultat, dass schnelle Segelschiffe beim Frachtverkehr von Massengütern viel profitabler sein können als die Dampfer jener Zeit, jedenfalls unter bestimmten Voraussetzungen. Auch das ist Resultat der Innovationen jener Zeit, die heute als Industrielle Revolution bezeichnet wird. Denn die enorm dynamische Entwicklung führt im Lauf des 19. Jahrhunderts nicht nur zur stetigen weiteren Verbesserung von Dampfschiffen, sondern verändert auch die Konstruktion und Konzeption von Segelschiffen, die zu dieser Zeit noch ein erhebliches Entwicklungspotenzial haben. Das betrifft zunächst das Material. Nachdem die Schiffsrümpfe seit Jahrtausenden aus Holz gefertigt worden sind, steht nun mit Eisen ein in diesem Bereich völlig neues Material zur Verfügung. Eisen kann zwar im Gegensatz zu Holz nicht schwimmen, doch ein aus vernieteten Eisenplatten hergestellter Schiffsrumpf ist widerstandsfähiger als einer aus Holz. Das beweist schon der erste aus Eisen hergestellte Großsegler, der passenderweise Iron Sides heißt und 1838 von der Liverpooler Werft Jackson & Jordan gebaut wird.

Ferdinand Laeisz verfolgt die Entwicklung in Schiffbau, setzt allerdings zunächst weiterhin auf seine Holzschiffe, deren Konstruktion er immer weiter optimieren lässt, vor allem mit einem Ziel: Geschwindigkeit. Kaffee aus Costa Rica, Erze aus Mexiko und Chile sowie Guano aus Peru gehören zur Fracht, die die Laeisz-Schiffe in Südamerika an Bord nehmen. Doch bald wird etwas anderes zum Hauptgeschäftsfeld: die Salpeterfahrt.

Die aus abgelagertem Vogelkot (Guano) bestehenden natürlichen Vorkommen von Salpeter, chemisch Natriumnitrat, werden in der Atacamawüste im heutigen Nordchile in großem Maßstab abgebaut und nach Europa verschifft. Allerdings sind die Arbeitsbedingungen für die dort Beschäftigten beispiellos schlecht. Die Minengesellschaften beuten die Arbeiter gnadenlos aus, Gesundheits- und Arbeitsschutz gibt es so gut wie gar nicht, die Bezahlung erfolgt zum Teil mit Gutscheinen, die nur in den firmeneigenen Läden eingelöst werden können. Die Nachfrage nach Salpeter ist riesig. Die Bedeutung des Rohstoffs, der vor allem für die Herstellung von

Die Hinterlassenschaft einer Salpetermine in Chile. Die Arbeiter mussten hier oft unter menschenverachtenden Bedingungen schuften.

Düngemittel und Sprengstoff genutzt wird, lässt sich beinahe mit der vergleichen, die das Öl im 20. Jahrhundert gewinnen wird. Kein Wunder, dass diese Ressource Begehrlichkeiten weckt und zu erheblichen Interessenskonflikten in Südamerika führt. So kommt es 1879 zum Salpeterkrieg, der zwischen Chile, Peru und Bolivien blutig ausgetragen wird. Als 1884 dann endlich die Waffen schweigen, erweist sich Chile als Gewinner. Im Vertrag von Valparaíso wird Chile die gesamte Region zugesprochen, in der man das „Weiße Gold" abbaut. Und mit dem Abbau geht es jetzt erst richtig los, finanziert übrigens nicht nur mit US-amerikanischen Kapital, sondern auch in großem Umfang mit deutschen Investitionen. Der Transportbedarf von und nach Deutschland ist jedenfalls enorm, die Route allerdings extrem anspruchsvoll, denn sie führt von Europa aus über den Atlantik um das gefährliche Kap Hoorn an der Südspitze Amerikas zur Pazifikküste und dann nach Norden hinauf in die chilenischen Häfen Valparaíso, Iquique oder Antofagasta. Dass Laeisz im Jahr 1886 die Salpeterfahrt zum Hauptgeschäft seiner Reederei macht, ist ein geschickter Schachzug, denn auf den Ostasienrouten wären seine Segler seit der 1869 erfolgten Eröffnung des Suezkanals nicht mehr konkurrenzfähig. Durch den Kanal müssten die Windjammer geschleppt werden, und das Rote Meer wäre für sie aufgrund seiner zahlreichen tückischen Korallenriffe ein allzu gefährliches Revier. Auf der ungleich längeren traditionellen Route um das Kap der Guten Hoffnung würden die Großsegler hingegen hoffnungslos ins Hintertreffen geraten.

Ganz anders verhält es sich auf der Südamerikaroute, die die Segler von Laeisz mitunter sogar schneller, auf jeden Fall aber deutlich kostengünstiger als die konkurrierenden Dampfer zurücklegen.

Wie das konkret aussieht, belegen die folgenden Zahlen: Normalerweise braucht ein hölzerner Segler von Lizard Point, dem südlichsten Punkt Englands, bis nach Chile etwa 120 Tage, die 1873 gebaute PATAGONIA

schafft es unter Kapitän Hellwege in nur 81 Tagen. Solche oder ähnlich schnelle Fahrten sind aber nur möglich, weil es sich bei den Laeisz-Schiffen um „bis ins letzte durchkonstruierte Ausgeburten kaufmännischen Zweckdenkens" und „technische Präzisionsinstrumente ihrer Zeit" handelt, wie der Hamburger Schifffahrtsexperte Hans Georg Prager es formuliert.

Die Bark PROFESSOR ist vier Jahre alt, als sie 1869 als erstes eisernes Schiff in die Laeisz-Flotte aufgenommen wird. Dass es sich lohnt, auf Eisen zu setzen, zeigt sich schon bald, denn die PROFESSOR schafft es in 81 Tagen vom Kanal nach Valparaíso – und ist damit genauso schnell wie die PATAGONIA auf ihrer Rekordfahrt. Auch die POLYNESIA, die 1884 als zweites Eisenschiff in Dienst gestellt wird, erfüllt die Erwartungen des Reeders, der mit der Bark PARNASS 1878 das letzte hölzerne Schiff erwirbt. Die PARNASS ist extrem schnell und schafft die Strecke vom Kanal nach Chile in nur 70 Tagen, doch die Eisenschiffe sind noch schneller. So schafft die PLUS 1886/87 die Strecke in nur 61 Tagen – allerdings unter besonders günstigen Rahmenbedingungen. Das Segelschiff „manövrierte wie eine Jacht und pflügte durch das Wasser wie ein Klipper. Aber so waren viele der Laeisz-Schiffe, große wie kleine", schreibt der australische Seefahrer und Abenteurer Alan Villiers bewundernd über die PLUS, die das letzte Eisenschiff in der Flotte ist. Die POTRIMPOS, die 1887 bei Blohm & Voss gebaut wird, ist ungefähr genauso groß wie die PLUS, ihr Rumpf besteht aber nicht mehr aus Eisen, sondern aus Stahl. Seit Mitte des 19. Jahrhunderts ist es dank neuer Technologien möglich geworden, immer hochwertigeren Stahl herzustellen, der allerdings zunächst ziemlich teuer ist. In einem 1881 erschienenen Fachartikel über die „Anwendung des Stahles im Schiffbau" heißt es: „Bedeutend verringert werden die Kosten eines Stahlschiffes dadurch, dass dasselbe bei gleicher Größe und gleicher Festigkeit mit einem eisernen Rumpf wegen der höheren Bruchfestigkeit des Stahles um 18 bis 20 Prozent leichter erbaut werden kann,

Queen Victoria eröffnet die Londoner Weltausstellung von 1851. Auch Ferdinand Laeisz besuchte diese große Leistungsschau, auf der die modernsten Entwicklungen ihrer Zeit vorgestellt wurden.

also ein geringeres Eigengewicht ergibt und daher bei gleichem Tiefgange eine größere Nutzlast zu tragen vermag, so dass schon hierdurch der Reeder binnen Kurzem die höheren Kosten gedeckt sehen würde. Vor allen Dingen aber gewährt ein Stahlschiff gegenüber einem eisernen eine viel höhere Sicherheit bei etwaigen Kollisionen oder Strandungen. Es sind Fälle vorgekommen, dass Stahlschiffe auf Felsen liefen, ohne anderen Schaden zu erleiden, als dass eine zuweilen allerdings bedeutende Verbiegung der Schiffshaut sowie der zunächst gelegenen Spanten und Bodenstücke stattfand, dass aber kein Leck entstand, selbst bei Stößen, welche ein eisernes Schiff unfehlbar zum Sinken gebracht haben würden. Die große Zähigkeit

des Stahles ist es, welche ihn so überlegen dem Eisen macht und ihn als das beste und vorteilhafteste Schiffbaumaterial der Zukunft erscheinen lässt."

Auch wenn das neue Material zunächst noch teuer ist, wiegen die Vorteile so schwer, dass Laeisz fortan nur noch Schiffe mit Stahlrumpf bauen lässt. Die neuen Stahlschiffe heißen zum Beispiel PROMPT, PAMELIA, POTSDAM und PALMYRA. Einerseits sind sie modern und fortschrittlich, andererseits aber traditionell, da es sich noch immer um Dreimaster handelt.

Doch längst denken Carl Heinrich und Carl Ferdinand Laeisz an einen neuen, größeren und schnelleren Schiffstyp, der nicht mehr nur drei, sondern vier Masten haben soll. Fünf Jahre nach Ferdinand Laeisz'

Tod läuft 1892 bei Joh. C. Tecklenborg in Geestemünde die PLACILLA vom Stapel, die erste Viermastbark der Laeisz-Flotte, ein Schiffstyp, der Maßstäbe setzen wird. Verfügten die bisherigen Dreimaster nur auf Back (Vorschiff) und Poop (Hinterschiff) über erhöhte Aufbauten, so kommt nun in der Mitte des Schiffs noch ein sogenanntes Hochdeck dazu, das Brückendeck, auf dem sich das Kartenhaus und das Ruder oder sogar das Ruderhaus und damit die Kommandobrücke befinden. Früher befand sich das Ruder grundsätzlich auf der Poop, wo jetzt nur noch ein Notruder installiert wird. Als Drei-Insel-Typ bezeichnet man dieses Konstruktionsmuster, das enorme Vorteile hat. Zum einen sind Rudergänger und wachhabende Offiziere auf dem Hochdeck bei hohem Seegang besser geschützt, außerdem haben sie eine deutlich bessere Sicht. Zudem bietet der erhöhte Mittelaufbau, der sich bei schwerem Wetter zum Hauptdeck verschließen lässt, im Inneren Platz für verschiedene Unterkünfte und Arbeitsräume, etwa für den Schiffszimmermann, den Segelmacher und den Koch. Hans Georg Prager schreibt dazu: „Für die Mannschaft war das Hochdeck ein weitgehend sicheres Arbeitsdeck für vorzunehmende Segelmanöver. Später kam noch eine Verbesserung hinzu, die den ersten Laeisz-Viermastern noch gefehlt haben dürfte: Laufstege verbanden das Hochdeck mit Back und Poop, sodass Besatzungsmitglieder bei erforderlichen Wegen dorthin nicht mehr derart der See ausgesetzt waren wie früher. Das Hauptdeck oder Wetterdeck wurde ja bei schwerem Wetter vollständig überbrandet. Es füllte sich sogar mit ‚grüner See'." Als grüne See werden überkommende Brecher bezeichnet.

Laeisz optimiert die Konstruktion seiner Segler immer weiter, gerät aber manchmal dabei auch an Grenzen. So experimentiert man mit Fünfmastern, was sich allerdings nicht auszahlen wird. Dabei sieht es am Anfang gut aus, als 1895 bei Joh. C. Tecklenborg in Geestemünde die erste Fünfmastbark vom Stapel läuft. Sie wird auf den Namen POTOSI getauft und ist das größte Segelschiff der Welt. Allerdings nur sieben Jahre lang, bis 1902 die auf derselben Werft erbaute PREUSSEN in Dienst gestellt wird, bei der es sich um ein Fünfmastvollschiff handelt. Beide Schiffe sind für die Salpeterfahrt konzipiert, erreichen auch Geschwindigkeitsrekorde, bleiben aber trotzdem die einzigen Fünfmaster in der Laeisz-Flotte, die auf der Südamerikaroute fast ausschließlich die bewährten Viermastbarken einsetzt. Diese verfügen alle über einen stählernen Rumpf und sind als Drei-Insel-Schiffe konzipiert. Seeleute in aller Welt nennen diese extrem schnellen Schiffe, deren Namen stets mit dem Buchstaben P beginnen, bewundernd Flying-P-Liner.

Nicht nur die Geschwindigkeit ist entscheidend, der Erfolg und die Attraktivität der Flying-P-Liner gründen sich auch auf deren technische Ausgereiftheit und – nicht zuletzt – auf die hohen Sicherheitsstandards. So sind auf vielen Flying-P-Linern die Wanten nicht mit Webeleinen (kurze, quer verlaufende Tauverbindungsstücke), sondern mit Holzsprossen als Tritte zum Aufentern ausgestattet, was die Gefahr von Unfällen reduziert. Dass es sich insgesamt um vergleichsweise sichere Schiffe handelt, lässt sich sogar statistisch belegen: Nach der Aufstellung der Klassifikationsgesellschaft Bureau Veritas gehen im Jahr 1908 drei Prozent aller Segelschiffe verloren, bei den Flying-P-Linern liegt der rechnerische Verlust pro Jahr dagegen bei nur 0,9 Prozent. Kein Wunder also, dass fähige Seeleute gern auf diesen Schiffen anheuern, zumal auch die Versorgung an Bord und die Bezahlung verhältnismäßig gut sind.

Auch an Land werden die Abläufe inzwischen besser organisiert, so sorgen Anfang des 20. Jahrhunderts in den chilenischen Salpeterhäfen eigene Agenten dafür, dass die Ladung sicher und schnell vonstattengeht. An der Gewinnung, also dem Abbau des Salpeters hat die Firma F. Laeisz sich allerdings nie beteiligt, sondern sie konzentriert sich ausschließlich auf den Transport.

5

AUFTRAG FÜR BLOHM & VOSS

Wie die PEKING gebaut wird

Am 23. Dezember 1909 erscheint in der „Berliner Börsenzeitung" folgende kleine Notiz: „Die Reederei F. Laeisz bestellte zwei Viermast-Barkschiffe zu je 4500 to Tragfähigkeit bei der Werft Blohm & Voss." In einer Zeit, in der die Wirtschaft boomt und die Stadt kräftig wächst, gibt eine erfolgreiche Reederei bei einer erfolgreichen Werft zwei neue Schiffe in Auftrag. Das ist ein normaler Vorgang, der keine Schlagzeilen macht, aber natürlich vermeldet wird.

Zwei Monate zuvor, am 26. Oktober 1909, wird die hochmoderne und schicke Mönckebergstraße dem Verkehr übergeben. Der von Kontorhäusern gerahmte 30 Meter breite Prachtboulevard verbindet den neuen Hauptbahnhof mit dem Rathausmarkt und schafft der Stadt, die bald die Eine-Million-Einwohner-Grenze reißen wird, ein neues Entree. In Hamburg herrscht Aufbruchstimmung, die Geschäfte laufen gut, vor allem im Hafen, der stetig wächst und dessen mengenmäßiger Umschlag bald sogar den des Konkurrenten Rotterdam übertrifft. Und auch F. Laeisz, Hamburgs größte Privatreederei, ist auf Wachstumskurs, braucht also dringend die beiden neuen Großsegler, die später PEKING und PASSAT heißen werden und für den Einsatz auf der profitablen Südamerikaroute vorgesehen sind.

So ist man festlich gestimmt, als die PEKING als erste der beiden Neubestellungen am 25. Februar 1911 vom Stapel läuft.

Der „Hamburgische Correspondent" schreibt am 26. Februar 1911 über den Stapellauf: „Auf der Werft von Blohm & Voss wurde gestern nachmittag 2 ½ Uhr, wie bereits kurz gemeldet, das erste der beiden von der Firma F. Laeisz in Auftrag gegebenen Segelschiffe vom Stapel gelassen. Mitglieder der Firma

Die Arbeit an Bord war effizient organisiert, sie setzte Qualifikation, Engagement und Gemeinschaftsgeist voraus.
Als die PEKING 1909 in Auftrag gegeben wurde, war die Mönckebergstraße gerade eingeweiht worden.

Laeisz und deren Angehörige sowie einige Bekannte und Freunde der Bestellerin und Erbauerin nahmen an dem Taufakt teil. Frl. Knöhr vollzog nach kurzer gebundener Rede die Taufe des Schiffs, das den Namen ‚Peking' erhielt und als Viermastbark getakelt werden soll." Eigentlich schade, dass die „gebundene Rede", bei der es sich um ein gereimtes Gedicht handelt, nicht erhalten geblieben ist.

Aber eine ungefähre Vorstellung können wir doch gewinnen, da der Taufspruch für das Schwesterschiff, die PASSAT, erhalten geblieben ist. Taufpatin war Gertrude Grau, geb. Strack, die Großmutter des Hamburger Designers Tobias Grau. Beim Stapellauf am 20. September 1911 trug die Dame das folgende Gedicht vor:

Der Sturm bedroht in der Nordsee den Segler.
Dichter Nebel im verkehrsreichen Kanal bereitet
Gefahr.
Des Ozeans ganze Wucht trifft ihn in der
Biscaya.
Erst wenn der Wendekreis überschritten,
zieht mit den vom Passat geschwellten Segeln
das Schiff in schnellem Lauf seinem Ziele zu.
Mögen günstige Winde Dich, Du stolzes Schiff,
stets schnell und sicher in den schützenden
Hafen geleiten.
Diesem Wunsche soll Dein Name Ausdruck
Geben.
Ich taufe Dich Passat.

Sicher wird Sophie Laeisz an der Zeremonie für die PEKING teilgenommen haben. Da sie die Tochter des bereits 1865 gestorbenen Schiffsmaklers Christian Ludwig Knöhr ist, liegt die Vermutung nahe, dass die in dem Zeitungsartikel erwähnte Taufpatin, „Frl. Knöhr", aus ihrer Familienlinie kommt und möglicherweise eine Nichte oder Großnichte ist. Selbstverständlich werden auch die drei Prokuristen Ganssauge, Reisse und Struck anwesend gewesen sein, die seit dem Tod

von Carl Laeisz die Geschäfte führen. Die Taufgesellschaft hat die Norderelbe noch auf mehreren Barkassen überqueren müssen, denn der Elbtunnel, der St. Pauli und Steinwärder (so wird der Stadtteil damals geschrieben) mit zwei Röhren verbindet, ist noch nicht eröffnet. Das technisch anspruchsvolle Prestigebauwerk, das Hamburgs Ruf als moderne Hafenstadt noch erhöht, wird erst ein halbes Jahr später, am 7. September 1911, eingeweiht. Blohm & Voss profitiert zu dieser Zeit vom außenpolitisch riskanten Aufrüstungs- und Flottenprogramm des Kaisers und verdient mit den Kreuzern und anderen Marineschiffen viel Geld. Schon vor der Jahrhundertwende beschäftigt die Werft etwa 1000 Arbeiter, die nicht nur Schiffsneubauten, sondern auch Reparaturaufträge ausführen.

Aber wie baut man ein Segelschiff aus Stahl? Der Auftraggeber hat dazu sehr genaue Vorstellungen und vor allem eine Forderung: allerhöchste Qualität. Deshalb überlässt Laeisz nichts dem Zufall, sondern sorgt von vornherein dafür, dass die Bauarbeiten in Hamburg-Steinwärder seinen Anforderungen entspre-

In der „Bauvorschrift eines stählernen Viermast-Bark-Schiffes für F. Laeisz, Hamburg" gab es klare Vorgaben zu fast jedem Detail.

Blick in den St. Pauli-Elbtunnel, der zur selben Zeit wie die PEKING erbaut wurde.
Seine Einweihung fand 1911 einige Monate nach dem Stapellauf des Schiffes statt.

chend durchgeführt werden. Die Grundlage dafür ist eine kleine, aber gewichtige Broschüre mit dem Titel „Bauvorschrift eines stählernen Viermast-Bark-Schiffes für F. Laeisz, Hamburg".

Das einzig erhaltene Exemplar ist erst vor kurzem im Archiv der Reederei entdeckt worden, für die aktuelle Restaurierung der PEKING ist das ein Glücksfund. 2019 ist die Schrift als erweiterter Reprint erneut veröffentlicht worden. Im Vorwort vom Dezember 2018 schreibt Joachim Kaiser, Vorstandsmitglied der Stiftung Hamburg Maritim:

„In dem unscheinbaren Büchlein wurden nicht nur elementare Vorgaben verankert, sondern auch alle flankierenden Informationen gesammelt, die nicht in die Bauzeichnungen gehörten." An späterer Stelle

heißt es: „Schon eine oberflächliche Lektüre dieser Bauvorschrift verändert den Blick auf den imposanten, jetzt mastenlosen Rumpf im Trockendock. Trotz der sachlich-nüchternen Sprache füllen die detailreichen Beschreibungen über die Ausstattung von Inneneinrichtung und Kombüse das inzwischen komplett leergeräumte Brückenhaus geradezu mit Leben. Man bekommt eine gewisse Ahnung, wie hier 35 Mann auf den bis zu drei Monate langen Reisen miteinander zurechtkommen mussten."

Ein Beispiel: Unter dem Stichwort Material heißt es in der Bauvorschrift: „Das Schiff wird durchweg aus weichem Siemens-Martin-Stahl erbaut, mit Ausnahme des Ruders und Hinterstevens, welche aus Stahlguß resp. Siemens-Martin-Stahl hergestellt werden. Nieten

Joachim Hans Hinrich Nissen (1862–1943) war der erste Kapitän der PEKING. Rechts ist das Fünfmast-Vollschiff PREUSSEN zu sehen. Nissen war Kapitän der PREUSSEN, als sie im November 1910 im Ärmelkanal unverschuldet in Seenot geriet und sank.

aus Stahl. Alles Material ist in zweckentsprechender, durchaus fehlerfreier Qualität zu liefern und ist die Arbeit auf das exakteste auszuführen. Scharfe Ecken sind möglichst überall zu vermeiden."

Die Fachleute der Reederei, die das Büchlein verfasst haben, wissen sehr genau, worauf es am Ende ankommt. Und während der Bauarbeiten achten sie akribisch darauf, dass die Vorgaben auch eingehalten werden. Nachdem sie das fertige Schiff ge-

nauestens inspiziert haben, wird es vom Auftraggeber abgenommen. Der sogenannte Beilbrief, bei dem es sich um die Urkunde handelt, die die Eigentumsübertragung von der Werft an die auftraggebende Reederei bescheinigt, wird am 12. Mai 1911 von Adolf Hermann Blohm unterzeichnet, dem Gründer der Werft. Das Schiffs-Zertifikat ist auf den 19. Mai 1911 datiert, unterschrieben hat es die damals schon 80-jährige Sophie Laeisz, die nach dem Tod ihres Sohnes und ihres Mannes bis zur Volljährigkeit ihrer Enkel 1914 Inhaberin der Reederei ist. Da sich in der Spalte Hypotheken/Nießbrauch keine Eintragung findet, ist klar, dass Laeisz die Baukosten in Höhe von 680 000 Mark ohne Fremdkapital aufbringen kann, was keine Selbstverständlichkeit ist.

44

Ganz sicher ist auch Joachim Hans Hinrich Nissen, einer der besten Kapitäne jener Zeit, bei der Taufe dabei. Der gebürtige Nordfriese ist damals 49 Jahre alt und hat die Seefahrt von der Pike auf gelernt. Begonnen hat er unter dem Kommando seines Vaters als Schiffsjunge auf der Galeasse DOROTHEA. In den späten 1880er-Jahren besucht er die Navigationsschule in Altona, die er 1890 mit dem Diplom abschließt. Zwei Jahre später ist er Kapitän der PLUS, einer extrem schnellen Dreimastbark, die 1885 als letztes Eisenschiff in die Laeisz-Flotte kommt. Später führt er weitere Laeisz-Schiffe, darunter von 1903 bis 1909 den Fünfmaster POTOSI unter anderem auf der Südamerikaroute. Mit der PREUSSEN, gleichfalls einem Fünfmast-Vollschiff, das zu den größten jemals gebauten Segelschiffen gehört, hat Nissen Pech. Am 6. November 1910 unterschätzt im Ärmelkanal der britische Dampfer BRIGHTON die Geschwindigkeit des SS PREUSSEN. Die Schuldfrage ist eindeutig. Der Kapitän der BRIGHTON missachtet die Vorschriften, als sie vor der PREUSSEN deren Kurs kreuzt. Der Bugspriet des Seglers wird regelrecht „abgesägt". Obwohl die PREUSSEN noch schwimmfähig bleibt und mit drei Schleppern in Richtung Dover geschleppt wird, bricht bei schwerem Sturm die Schleppleine, die stolze Königin der Meere strandet. Zum Glück sind keine Menschenleben zu beklagen. Der Kaiser schickt der Reederei ein Beileidstelegramm.

Der Verlust der PREUSSEN ist gerade mal gut drei Monate her, doch an diesem Februartag wollen weder Nissen noch Sophie Laeisz oder die anderen Honoratioren daran denken. Man hebt das Champagnerglas, stößt auf die Zukunft der PEKING an und wünscht Nissen, deren künftigem Kapitän, alles Gute.

6

KURS VALPARAÍSO

Auf Jungfernfahrt nach Chile

Zwischen dem Stapellauf im Februar und der Indienststellung am 16. Mai 1911 vergehen noch einmal knapp drei Monate. Am 13. Mai meldet der „Hamburger Anzeiger", dass die PEKING in das Elbdock geholt worden sei, um mit dem „nötigen Bodenanstrich versehen zu werden". Weiter heißt es: „Das ca. 4000 Tons große Schiff soll für die Westküste Südamerikas laden." Das geschieht drei Tage später am Afrikakai und dauert seine Zeit.

Unter der Rubrik „Ausreisende Hamburger Segelschiffe" schreibt die „Neue Hamburger Zeitung" am 24. Juni 1911: „Die Zahl der Segelschiffe im Hafen beginnt sich zu lichten. Der am Mittwoch von hier in See gegangenen Viermastbark THIELBECK folgten bereits das neue Schiff der Reederei F. Laeisz, die Viermastbark PEKING, Kapitän Bergmann, und die derselben Reederei gehörende Fünfmastbark POTOSI, Kapitän Frömcke. Beide

Schiffe, von denen die PEKING die erste Reise macht, wurden hier voll befrachtet und sind sämtlich nach der Westküste Südamerikas bestimmt." Hier hat sich der Zeitungsredakteur ein wenig vertan, denn der Kapitän der PEKING heißt nicht Bergmann, sondern Nissen.

Interessant ist, dass die PEKING und die POTOSI zeitgleich starten, denn natürlich wollen sich die Kapitäne

Wettfahrt um die halbe Welt: Auf ihrer Jungfernfahrt trat die PEKING gegen die POTOSI an (rechts).

Segelkraft gegen Dampfkraft: Bis in die 1920er-Jahre hinein waren die Großsegler beim Transport von Chilesalpeter wirtschaftlicher als die Dampfschiffe jener Zeit.

und die Mannschaften ein Rennen liefern. Die POTOSI ist eine Fünfmastbark mit 19 Knoten Höchstgeschwindigkeit, die Viermastbark PEKING kommt auf maximal 17 Knoten. Trotzdem hat die PEKING gute Karten. Als sie am 2. Juli Lizard passiert, liegt die POTOSI schon zwei Tage zurück. Über den weiteren Verlauf schreibt der Schifffahrtsexperte Andreas Gondesen: „Die PEKING er-

reichte Valparaíso am 14. September, während die PO-TOSI im 200 Seemeilen südlicher gelegenen Talcahuano am 11. September ankam. Das war eine sehr gute Leistung der PEKING (4100 Quadratmeter Segelfläche) gegenüber der segeltechnisch überlegenen POTOSI (4700 Quadratmeter Segelfläche). Während der Heimreise sollten sich beide Schiffe wieder ein Rennen liefern.

Die POTOSI verließ Caleta Buena am 20. Oktober 1911; sechs Tage später setzte die PEKING im südlicher liegenden Taltal die Segel. Beide Schiffe waren zeitgleich am Kap Hoorn. Am 20. November 1911 berichtete Kapitän Frömcke, dass er die PEKING vor dem Winde steuernd überhole. Die POTOSI erreichte Hamburg nur einen Tag vor der PEKING, obwohl sie Lizard fünf Tage früher als sie passiert hatte. Sie verlor die Zeit durch schlechtes Wetter. Schon die erste Reise der PEKING zeigte also, dass sie ein besonders guter Segler war."

Das sehen auch die Herren Ganssauge, Reisse und Struck so, die drei Prokuristen, die die Geschäfte seit dem Tod von Carl Heinrich Laeisz führen und Kapitän Nissen nach seiner Rückkehr gratulieren. Allerdings gibt es auch ein Problem, denn kurz nach Beginn der Rückfahrt hat es an Bord einen tragischen Todesfall gegeben. Am 31. Oktober 1911 kommt der 19 Jahre alte Matrose Max Neitzke durch die fehlerhafte Bedienung der motorbetriebenen Ankerkette ums Leben. Im Bericht der „Neuen Hamburger Zeitung" heißt es dazu: „Neitzke stand allein am Motor und machte sich am Motorkopf zu schaffen. Man hörte plötzlich einen lauten Aufschrei und sah, wie er zweimal mit dem Motorkopf herumflog und mit dem Kopf auf die Luke aufschlug. Nun sprang ein Mann hinzu und stoppte den Motor, doch es war schon zu spät, denn Neitzke lag mit zerschmettertem Kopf am Boden. Er wurde nach Seemannsbrauch bestattet."

Dieses Bild zeigt die von einem sogenannten Gnom-Motor bewegte Ankerwinde. Es war die einzige Vorrichtung an Bord, für deren Betrieb keine Muskelkraft genutzt werden musste.

Die Sache kommt vor das Seeamt, das Kapitän Nissen und die anderen Beteiligten und Zeugen anhört und auch einen Lokaltermin an Bord vereinbart. Bei der Verhandlung Anfang Februar 1912 wird Nissen dann entlastet. Im Urteil heißt es: „Der Unfall muss auf die eigene Unvorsichtigkeit des Verunglückten zurückgeführt werden. Die Schiffsleitung erscheint nicht verantwortlich."

Der traurige Vorfall zeigt aber, dass die Arbeit auf Segelschiffen von vielen Gefahren begleitet wird. Immer wieder kommt es zu Unfällen, die manchmal auch tödlich enden.

Im Archiv des Seewetteramts des Deutschen Wetterdienstes (oben) werden rund 37 000 Meteorologische Journale aufbewahrt. Alle vier Stunden mussten die Besatzungen Wetterbeobachtungen nach festgelegten Kriterien durchführen und in die Journale eintragen, die nach der Rückkehr der Schiffe an die Deutsche Seewarte in Hamburg abgeliefert wurden. Die beiden abgebildeten Ausschnitte zeigen das Journal von der Jungfernfahrt der Peking 1911. Oben sind die Einträge nach dem Ablegen in Hamburg zu sehen, unten die von der Ankunft in Valparaíso.

Fünfmal fährt die Peking in den nächsten zwei Jahren von Hamburg nach Südamerika, liefert dorthin verschiedene deutsche Fertigprodukte und kommt vollbeladen mit Salpeter aus der Atacamawüste nach Europa zurück. Die Route ist riskant, weil sie durch gefährliche Seegebiete wie um das berüchtigte Kap Hoorn führt. Viele Frachtsegler erleiden hier Schiffbruch, die Peking und die meisten der anderen Flying-P-Liner trotzen jedoch selbst unter widrigsten Voraussetzungen den Elementen, was zum einen an der außerordentlichen Qualität der Schiffe liegt, zum anderen am seemännischen Können der Laeisz-Kapitäne und den Leistungen der hochmotivierten Mannschaften. Die Geschäftsführung der Reederei, die schon seit 1898 in einem äußerst repräsentativen Kontorhaus am Nikolaifleet, dem Laeiszhof, residiert, weiß genau, dass es sinnvoll ist, schon beim Bau der Schiffe in deren Sicherheit zu investieren. Am Ende zahlt es sich auf jeden Fall aus.

Wie profitabel die Fahren der Peking und der anderen Frachtsegler unter FL-Flagge sind, zeigt ein Blick auf die damaligen Salpeterpreise: Demnach kostet ein Doppelzentner (100 Kilogramm) des als Düngemittel dringend benötigten Nitrats kurz vor dem Ersten Weltkrieg in Deutschland 22 Mark. Die 5300 Tonnen Salpeter, die die Peking maximal transportieren kann, entsprechen also einem damaligen Marktwert von 1,16 Millionen Mark, was die Baukosten der Peking (680 000 Mark) deutlich übersteigt.

Wie viel Geld sich damals mit Salpeter verdienen lässt, hat der Hamburger Kaufmann Henry Brarens Sloman besonders eindrucksvoll vorgeführt: 1869 wandert der Schlosserlehrling mit geliehenem Reisegeld nach Chile aus und gründet dort später eine Salpeter-Mine. Als er 1898 nach Hamburg zurückkehrt, ist er steinreich. 1912 wird sein Vermögen auf 60 Millionen Mark geschätzt, seine Jahreseinnahmen auf drei Millionen. Damit gilt er als mit Abstand reichster Mann Hamburgs. Von 1922 bis 1924 lässt er von dem Architekten Fritz Höger ein riesiges Kontorhaus errichten, das ein Musterbeispiel des Backsteinexpressionismus ist, mit seiner Ostspitze an ein Schiff erinnert und nicht zufällig Chilehaus genannt wird. Seit 2015 gehört es zum UNESCO-Weltkulturerbe.

Die erste Reise der "Peking"
Hamburg - Valparaíso - Taltal - Hamburg
22. Juni 1911 - 28. Januar 1912

7

AN DER KETTE

In den Wirren des Ersten Weltkriegs

Als die PEKING am 4. Juni 1914 mal wieder Hamburg in Richtung Valparaíso verlässt, ist Sophie Laeisz schon mehr als zwei Jahre nicht mehr am Leben. Sie stirbt am 12. Februar 1912 im Alter von 80 Jahren und wird in der Familiengrabstätte auf dem Ohlsdorfer Friedhof beigesetzt. Hamburg wird in diesen Jahren immer eleganter und weltstädtischer. Fünf Tage nach der Abfahrt weiht man am Jungfernstieg den Neubau des Alsterpavillons ein, der diesmal deutlich ansprechender aussieht als der Vorgängerbau, den die Bürger aufgrund seiner merkwürdigen Gestaltung als „Kachelofen" verspottet haben. Man trinkt Kaffee oder Champagner, genießt den Frühsommer, und obwohl die außenpolitische Lage angespannt ist, glaubt kaum jemand, dass ein Krieg unmittelbar bevorsteht.

Die PEKING fährt elbabwärts, und während die Stadtlandschaft vorübergleitet, nimmt die Mannschaft Abschied von Hamburg. Obwohl wie immer an solchen Tagen ein Hauch von Wehmut in der Luft liegt, glaubt die Mannschaft, eine der üblichen Reisen vor sich zu haben. Auch Kapitän August Ötzmann hat sich von seiner Familie in der sicheren Erwartung verabschiedet, sie nach spätestens einem halben Jahr wiederzusehen. Es kommt freilich anders.

24 Tage nachdem die PEKING in Hamburg abgelegt hat, erschießt der 19-jährige serbische Nationalist Gavrilo Princip im bosnischen Sarajewo den österreichisch-ungarischen Thronfolger Franz Ferdinand und

Dieses Gemälde aus dem Museum für Hamburgische Geschichte zeigt den Hafen von Valparaíso im Jahr 1848. Vom Attentat in Sarajewo (rechts eine zeitgenössische Darstellung) und dem dadurch ausgelösten Weltkrieg wurde die Besatzung der PEKING in Chile überrascht.

Während deutsche Soldaten in den Materialschlachten des Ersten Weltkriegs kämpften, saß die Besatzung der PEKING in Chile fest. Das untere Bild zeigt eine historische Fotografie des Hafens von Valparaíso.

dessen Ehefrau Sophie. Die Schüsse leiten eine verhängnisvolle Entwicklung ein, die vier Wochen später dazu führt, dass Österreich-Ungarn Serbien den Krieg erklärt. Damit beginnt ein mörderischer Konflikt unvorstellbaren Ausmaßes, der später als Weltkrieg bezeichnet werden wird, insgesamt etwa 17 Millionen Opfer fordert und die politischen Verhältnisse in Europa komplett verändert.

Doch von den Ereignissen des Sommers 1914 bekommen die 35 Seeleute auf der PEKING nichts mit. Man kann sich heute gar nicht vorstellen, was es bedeutet, viele Wochen in der Welt unterwegs zu sein,

ohne Informationen zu erhalten. Als das Schiff am 28. August den Hafen von Valparaíso erreicht, ist alles anders. Das Kaiserreich befindet sich an der Seite Österreich-Ungarns im Krieg gegen die Entente (das Bündnis Großbritanniens, Frankreichs und Russlands), was dazu führt, dass das Schiff interniert wird.

Die eingespielte Routine im Hafen, die auf Effizienz und Schnelligkeit ausgerichtet ist, damit das Schiff möglichst schnell die Rückreise antreten kann, wird außer Kraft gesetzt. Stattdessen ist die Mannschaft erst einmal zum Nichtstun verdammt. Man nimmt Kontakt mit deutschen Diplomaten auf, doch auch die können nichts ausrichten. Freilich gibt es schlimmere Orte auf der Welt als die charmante Hafenstadt Valparaíso, die auf einer Vielzahl von Hügeln erbaut ist und mit ihren bunt angestrichenen Häusern vom Hafen aus einen pittoresken Eindruck macht. Trotzdem sind die Unsicherheit und die Tatsache, nicht nach Hause zu ihren Familien zurückkehren zu können, natürlich unangenehm für die Mannschaft. Die PEKING ist kein Einzelfall, insgesamt werden neun Segler unter FL-Flagge in Chile vom Kriegsausbruch überrascht. Hans Georg Prager schreibt dazu:

„Auf Anordnung der deutschen Gesandtschaft in Buenos Aires wurden Vorbereitungen zur Zerstörung von Takelage und Segeleinrichtungen für den Fall einer feindlichen Beschlagnahme getroffen. Die deutschen Segler hatten daraufhin Bündel von Dynamitpatronen um die Masten gelegt und zündklar gemacht. Als das später den chilenischen Behörden bekannt wurde, mussten diese Sprengladungen wieder entfernt wer-

Die SMS Dresden passiert die Levensauer Hochbrücke über den Nord-Ostsee-Kanal. Nach der Beschlagnahmung in Chile wurde der Kleine Kreuzer im März 1915 von der Mannschaft versenkt. Die Seeleute wurden anschließend interniert.

den. Man bereitete deshalb die Unbrauchbarmachung der Takelage durch Mastfällen mit Schneidbrennern und Kappen des stehenden Gutes mittels Stahlsägen vor. Auch das wurde schließlich ruchbar. Zur Verhinderung solcher Sabotage, die ja die Ankergründe gefährlich verunreinigt hätte, wurde im letzten Kriegsjahr jedes Schiff von einem Offizier und sechs Soldaten militärisch besetzt. Die deutschen Besatzungen waren vorher weitmöglich reduziert worden."

Obwohl Chile nicht zu Deutschlands Kriegsgegnern gehört, werden die Seeleute quasi als unerwünschte Gäste betrachtet. Dass sich das über Jahre hinziehen wird, ahnt niemand. Von der Besatzung des Kleinen Kreuzers SMS Dresden, die ihr Schiff im März

1915 selbst versenkt hat, weshalb sie anschließend interniert wird, ist bekannt, dass sie sich selbst versorgen muss und daher Landwirtschaft betreibt. Einige der Männer leben sich sogar so gut in Chile ein, dass sie nach Kriegsende nicht mehr in die Heimat zurückkehren. Wie es den deutschen Mannschaften von der Peking und den anderen Laeisz-Seglern in Chile ergeht, wissen wir leider nicht. Doch abgesehen von der Ungewissheit und der Einschränkung der Bewegungsfreiheit ist eine solche Internierung in einem neutralen Land sicher dem Kampf im Schützengraben oder auf See vorzuziehen.

Dass sich zur selben Zeit ganz unabhängig vom Krieg und dessen Ausgang ein absehbares Ende der

Die beiden Chemiker Carl Bosch (links) und Fritz Haber
trieben während des Ersten Weltkriegs die chemische
Produktion von Ammoniak voran.

Salpeterfahrt abzeichnet, liegt an Fritz Haber und Carl
Bosch, zwei genialen deutschen Chemikern und späteren Nobelpreisträgern. Haber ist Professor für Elek-
trochemie an der Technischen Hochschule Karlsruhe,
Bosch arbeitet für die BASF. Schon in den ersten Jahren
des 20. Jahrhunderts hat Haber ein chemisches Ver-
fahren zur Synthese von Ammoniak erfunden, das aber
noch nicht industrietauglich ist. Im Auftrag der BASF
entwickeln die beiden Wissenschaftler ab 1910 den Ha-
ber-Bosch-Reaktor, in dem Wasserstoff und Luftstickstoff
unter hohem Druck über einen Katalysator geleitet werden, wobei Ammoniak synthetisiert wird. Und Ammoniak eignet sich zur Herstellung sowohl von Düngemitteln
als auch von Sprengstoffen. Da Deutschland durch die
britische Seeblockade und die Festsetzung der Frachtschiffe von den Salpeterlieferungen aus Südamerika
abgeschnitten ist, wird die industrielle Produktion von
Ammoniak durch die BASF forciert. 1914 schließt Bosch
mit der Obersten Heeresleitung einen Vertrag ab, der
als „Salpeterversprechen" in die Geschichte eingehen
wird. Darin wird festgelegt, dass die BASF ein Darlehen

von 35 Millionen Mark zum Aufbau einer Fabrik sowie
eine Abnahmegarantie für das dort produzierte Ammoniak erhält. Der Deal funktioniert, schon bald beginnt
die industrielle Produktion in den eigens dafür im mitteldeutschen Merseburg erbauten Leunawerken. Die
Werke werden dort errichtet, weil es kurze Wege zu
den Rohstoffen im mitteldeutschen Braunkohlebecken
gibt und weil die Fertigungsstätten nicht von alliierten
Flugzeugen erreicht und zerstört werden können. Damit verliert der Chilesalpeter seine Monopolstellung als
Düngemittel und als Rohstoff für Sprengmittel. Die Reederei F. Laeisz muss sich also darauf einstellen, schon in
wenigen Jahren eines ihrer profitabelsten Geschäftsfel-
der zu verlieren. Fritz Haber ist allerdings nicht nur ein
genialer Chemiker, sondern auch ein Forscher, der sich
offenbar ohne moralische Skrupel in den Dienst einer
zutiefst inhumanen Kriegsführung stellt. So entwickelt
er auf der Grundlage von Chlor und Phosphor Giftgase
und überwacht deren Einsatz, der ein klarer Buch der
Haager Landkriegsordnung ist, Anfang 1915 auf dem
Schlachtfeld von Ypern persönlich. Seine Frau Clara Im-
merwahr bezeichnet das öffentlich als „Perversion der
Wissenschaft" und nimmt sich nach dem ersten Gift-
gasangriff der Geschichte das Leben. Nach Kriegsende wird Haber von den Alliierten als Kriegsverbrecher
gesucht, entzieht sich seiner Verhaftung jedoch durch
die Flucht in die Schweiz. Carl Bosch nimmt als Wirt-
schaftsberater an den Waffenstillstandsverhandlungen
von Versailles teil, wo es ihm durch geschickte Argu-
mentation gelingt, die Demontage der BASF-Werke in
Oppau und Leuna zu verhindern.

Die Kapazitäten der nun möglich gewordenen
chemischen Produktion von Ammoniak sind am Ende
des Ersten Weltkriegs allerdings noch begrenzt, und
daher besteht durchaus weiter großer Bedarf an dem
„weißen Gold" aus der Atacamawüste. Doch so wie der
Krieg die politische Landkarte Europas radikal verändert
hat, wird es in der Zeit danach auch in Handel und Wirtschaft enorme Umbrüche geben.

Die beiden Post-
karten zeigen, dass
Segelschiffe Anfang
des 20. Jahrhunderts
noch zum typischen
Bild des Hamburger
Hafens gehörten.

16411. P. Z. - HAMBURG
LANDUNGSBRÜCKE & HAFEN BEI ST

8

MIT FORTUNE NACH HAMBURG ZURÜCKGEKAUFT

Wie in alten Zeiten auf Fahrt nach Südamerika

Im Herbst 1918 bricht die Revolution aus. Der „General-Anzeiger für Hamburg-Altona" titelt am 5. November: „Die deutsche Kriegsmarine unter der roten Flagge". In Kiel haben die Matrosen gemeutert und sich geweigert, in ein letztes sinnloses Seegefecht zu ziehen, stattdessen stürzen sie die alte Ordnung. Bald erreicht der Aufstand der Seeleute Hamburg, und auch die Arbeiter beteiligen sich daran. In den nächsten Tagen überschlagen sich die Ereignisse: Bei Blohm & Voss streiken 30 000 Werftarbeiter, riesige Demonstrationszüge marschieren durch die Stadt, und auf einer Protestveranstaltung im Gewerkschaftshaus am Besenbinderhof verfasst man eine Resolution, in der die „sofortige Herbeiführung eines Friedens ohne Annexionen" verlangt wird. Die vornehmen Senatoren, die die Ereignisse bang im Rathaus verfolgen, bekommen ungebetenen Besuch: Verwegene Männer in schwerer Arbeitsmontur und Marineuniform verschaffen sich mühelos Eintritt und erklären den Herren Senatoren, wer ab jetzt in Hamburg die Macht ausüben wird: der Arbeiter- und Soldatenrat.

Die Revolution beendet den Krieg und die Monarchie gleich mit. Der Kaiser dankt ab und geht ins Exil,

Mit dem Kieler Matrosenaufstand wurde der Erste Weltkrieg nach vier Jahren beendet.
Bis die PEKING wieder Segel setzen konnte, dauerte es jedoch noch einige Jahre.

Der Reeder Albert Ballin und seine Familie. Er starb am
9. November 1918 unter nicht endgültig geklärten Umständen.

und den alten Eliten schwant, dass sie sich auf erhebliche Veränderungen einstellen müssen. Für manche von ihnen scheint mit dem Kaiserreich eine Welt unterzugehen. Albert Ballin, der die Hapag zur weltgrößten Schifffahrtslinie gemacht hat, ist verzweifelt und fühlt sich von den Revolutionären persönlich bedroht. Als Kaiser Wilhelm II. am 9. November den Thronverzicht erklärt und Philipp Scheidemann in Berlin die Republik ausruft, stirbt er an einer Überdosis von Schlafmitteln. Auf dem Totenschein steht „Verblutung aus Magengeschwür", eine Obduktion findet nicht statt.

Der Prokurist Paul Ganssauge, der neben dem noch relativ jungen Erich F. Laeisz, dem Urenkel des Fir-

mengründers, die Geschäfte führt, sieht die Dinge anders. Eigentlich müsste auch er verzweifelt sein, denn er ist ein Reeder ohne Schiffe. Und es kommt noch schlimmer: Am 28. Juni 1919 wird in der Spiegelgalerie des Schlosses von Versailles der Friedensvertrag unterzeichnet, der den Ersten Weltkrieg völkerrechtlich beendet. Die Folgen für Deutschland, dem die alleinige Kriegsschuld zugeschrieben wird, sind verheerend und umfassen nicht nur Gebietsverluste, sondern auch erhebliche Reparationszahlungen. Fassungslos liest Paul Ganssauge in der Zeitung, dass Deutschland ausnahmslos alle Schiffe mit mehr als 1600 BRT abzugeben hat. Bei den kleineren Schiffen (von 1000 bis 1600 BRT) ist es die Hälfte. Für die Firma Laeisz bedeutet das den kompletten Verlust ihrer Flotte. Betroffen sind sogar die noch nicht fertiggestellten Viermastbarken POLA und PRIWALL sowie die beiden ersten bei Joh. C. Tecklenborg im Bau befindlichen Bananenschiffe, die Dampfer PIONIER und PUNGO.

In einer solchen Situation kann man eigentlich nur aufgeben. Paul Ganssauge ist zum Aufgeben nicht bereit und sucht fieberhaft nach einer Möglichkeit, das Geschäft weiterzuführen. Als er erfährt, dass die Reederei ihre Schiffe selbst bei den Alliierten abgeben muss, hat er eine geniale Idee. Zunächst einmal ist die Aktion freilich mit erheblichen Kosten verbunden. Denn F. Laeisz, wie auch alle anderen deutschen Reedereien, muss die Schiffe mit eigenen Besatzungen nach Europa überführen. Anders wäre das auch kaum möglich, da es nur wenige Seeleute mit Kap-Hoorn-Erfahrung gibt. Aber wenn man schon die Schiffe zur Ablieferung überführen muss, heißt das ja nicht, dass sie bis auf den Ballast leer sein müssen. Man könnte sie doch zum Beispiel mit Salpeter beladen und die noch immer kostbare Fracht vor der Ablieferung in Europa verkaufen.

Eine großartige Idee, nur muss man sie auch umsetzen dürfen. Ohne Genehmigung der Siegermächte läuft nämlich gar nichts. Also lädt Ganssauge die

Wassermassen überspülen die Nagelbänke der Peking.

anderen betroffenen Reeder in den Laeiszhof ein, um auch sie von der Idee zu überzeugen. Schließlich bildet man einen Pool, aus dem später das Deutsche Segelschiff-Kontor GmbH Hamburg hervorgeht. Mit der Reichsregierung wird man sich schnell einig, sie übernimmt die enormen Liegegebühren, die sich während der sieben Jahre angehäuft haben. Aber ausschlaggebend sind nicht die Deutschen, sondern die Sieger. Um den Plan umzusetzen, braucht es die Zustimmung des in London ansässigen Maritime Board of the Reparation Commission.

Also reisen Paul Ganssauge, sein Kollege Emil Offen, der Prokurist der Reederei Siemers, und weitere deutsche Reeder nach London, um mit der Behörde zu verhandeln. Was Paul Ganssauge am Ende hinbekommt, ist eine Meisterleistung, die Erich F. Laeisz damit belohnt, seinen Prokuristen als Partner aufzunehmen. Er ist ein vorzüglicher Verhandler und hat Nerven

wie eine Ankertrosse. Die Reparation Commission stimmt dem Vorschlag zu. Mehr noch: Ganssauge erreicht sogar, dass die im Bau befindliche Viermastbark PRIWALL von der Beschlagnahmung ausgenommen wird.

In Hamburg beginnt nun hektische Aktivität. Blohm & Voss wird gedrängt, die PRIWALL so schnell wie möglich fertig zu bauen. Gleichzeitig stellt man Mannschaften zusammen, um die insgesamt 45 deutschen Segelschiffe von Südamerika nach Europa zu bringen. Am 6. März 1920 übernimmt Laeisz die PRIWALL von Blohm & Voss, am 24. Juli tritt sie ihre Jungfernfahrt nach Südamerika an. Die Fracht besteht in diesem Fall vor allem aus Menschen, es sind die Seeleute, die die Segler nach Europa bringen sollen. Aber da die Transportkapazität natürlich nicht ausreicht, wird noch der Dampfer LUCIE WOERMANN gechartert und als „Matrosen-Transporter" eingesetzt.

Da Ganssauge nichts dem Zufall überlässt, hat er schon 1919 den Nautischen Inspektor Boye Petersen nach Chile geschickt, damit er die aktuelle Seetüchtigkeit der Schiffe überprüft, notwendige Reparaturen einleitet und alle Formalitäten für die Wiederaufnahme des Salpetertransports erledigt, der zu diesem Zeitpunkt noch keineswegs in trockenen Tüchern ist. Aber die Umsicht und die guten Vorbereitungen zahlen sich aus. Hans Georg Prager schreibt über den weiteren Ablauf:

„Schließlich begab sich 1920/21 eine Armada von 45 ausreichend bemannten deutschen Reparations-Segelschiffen auf die traurige Ablieferungsreise von Chile nach Europa. Sie transportierten 155 000 Tonnen Salpeter ums Kap Hoorn – pro Schiff durch-

Die Viermastbark PRIWALL war zu Kriegsende noch nicht fertiggestellt. Eigentlich zur Ablieferung an die Siegermächte bestimmt, konnte sie aber dann doch am 6. März 1920 an die Reederei F. Laeisz ausgeliefert werden.

Der amerikanische Seemann, Abenteurer und Autor Irving McClure Johnson (1905–1991) reiste 1929 mit der Peking um Kap Hoorn und dreht an Bord einen 16-Millimeter-Film über die spektakuläre Fahrt, der bis heute Kultstatus genießt.

schnittlich 3400 Tonnen. Sieben dieser Schiffe führten die Laeisz-Flagge – sie hatten 28 575 Tonnen Ladung an Bord."

Die Peking segelt von Valparaíso in das 1200 Kilometer weiter nördlich bei Antofagasta gelegene Caleta Coloso, wo sie mit Salpeter beladen wird. Dann segelt sie in 107 Tagen nach London. Dort wird die Ladung gelöscht. Eigentlich soll sie nun nach Italien segeln, doch dort hat keine Reederei Interesse an der Viermastbark. Also bleibt sie in London aufgelegt. Nach Abschluss der Überführungsaktion sind die deut-schen Segelschiffreeder zwar ihre Schiffe los, haben aber zumindest wieder Geld in der Kasse. Der Fracht-erlös beträgt etwa 750 000 Pfund Sterling, was damals etwa 15 Millionen Mark entspricht. Der Gewinn wird unter den beteiligten Reedereien geteilt, nach ihrem Anteil und dem Wert der Schiffe.

Die Reederei F. Laeisz hat mit der Priwall zumin-dest ein Schiff, doch viel größere Ambitionen. So sitzt Paul Ganssauge mit Erich F. Laeisz im Kontorhaus an der Trostbrücke, um über die Stufe zwei des genialen Plans zu sprechen. Wer Geld hat, kann auch Schiffe kaufen, wissen die Reeder, die nun ernsthaft erwä-gen, ihre gerade erst abgegebenen Segler zurückzu-kaufen. Und sie haben ziemlich gute Karten, denn die Siegermächte können mit den Tiefwasserseglern nicht wirklich etwas anfangen. Um sie zu betreiben, braucht man speziell geschulte Mannschaften, die kaum zu be-kommen sind. Wer kann in der Dampfschiffzeit schon mit Windjammern umgehen? Also liegen die Schiffe in den Häfen und kosten Geld, statt welches einzubrin-gen. Und so erfährt man in Hamburg schon bald, dass die neuen Besitzer mit ihren Schiffen nicht recht glück-lich sind.

Da kommt das Angebot der Reederei F. Laeisz gerade recht, die Schiffe zurückzukaufen. Schon ein paar Monate nach der Ablieferung fahren einige Seg-ler wieder unter der FL-Flagge. Bei der Peking dauert es etwas länger, sie kehrt erst 1923 wieder nach Ham-burg zurück.

Das Kommando über die Peking hat für zwei Fahrten Kapitän Oellrich, Zielhafen ist Valparaíso. In den nächsten Jahren fährt sie unter dem Kommando von Kapitän Hermann Piening nach Talcahuano. Wer die Peking und die anderen Flying-P-Liner in den frü-hen 1920er-Jahren im Hamburger Hafen sieht, könn-te glauben, dass sich nichts geändert hätte, doch der Schein trügt: Die Tage der Salpeterfahrt sind längst gezählt, und damit ist auch das Schicksal der meisten Tiefwassersegelschiffe besiegelt.

UNTER BRITISCHER FLAGGE

Als Schulschiff auf Dauer im Hafen

9

Fast könnte man meinen, die Welt sei wieder in Ordnung und das Geschäft mit dem Chilesalpeter laufe so wie vor dem großen Krieg. Doch der Eindruck täuscht, denn obwohl die PEKING in den 1920er-Jahren immer wieder auf der Südamerikaroute eingesetzt wird und ihrem Eigner satte Gewinne einfährt, ist sie bereits ein Auslaufmodell, genau wie die anderen Flying-P-Liner der Laeisz-Flotte. Denn die Kapazitäten der synthetischen Salpeterherstellung werden immer weiter ausgeweitet, was die Kosten senkt und den langen Seetransport des Chilesalpeters zunehmend unwirtschaftlich werden lässt. Das recht abrupte Ende wird jedoch an einem Donnerstag in New York eingeläutet, einem Tag, der eigentlich normal beginnt. Wie an jedem anderen Börsentag strömen die Broker auch am 24. Oktober 1929 in das imposante Gebäude der American Stock Exchange am Trinity Place in Lower Manhattan. Den meisten von ihnen dürfte freilich klar sein, dass es keine gute Zeit für den Aktienhandel ist, denn schon seit Anfang Oktober hat der Dow-Jones-Index stark nachgegeben. Doch gegen Mittag sind die Aktien plötzlich im freien Fall, die Anleger verkaufen um jeden Preis, bald bricht der Handel zusammen. An diesem Donnerstag, der als Black Thursday in die Geschichte eingehen wird, bricht unter den Brokern Panik aus, die mit der entsprechenden Zeitverzögerung nach Europa schwappt.

Am Tag darauf titeln die „Hamburger Nachrichten": „Börsenpanik in Neuyork. Beispiellose Kursstürze". Den Herren, die an diesem Herbstvormittag das Börsenparkett im spätklassizistischen Gebäude der

Kadetten verlassen mit ihren Seesäcken die ARETHUSA. So hieß die PEKING, nachdem sie 1932 nach England verkauft worden war und dort als Internat einer pädagogischen Institution diente. Seit dieser Zeit ist sie nicht mehr in Fahrt.

Handelskammer am Adolphsplatz betreten, schwant nichts Gutes, denn natürlich haben sie die Zeitungen längst gelesen. Und schon bald merken die Händler, dass auch sie von dem Kurssturz betroffen sind. Binnen weniger Stunden brechen auch in Hamburg, vor allem aber an den europäischen Leitbörsen von Berlin, Paris und London die Kurse ein, viele Anleger verlieren ihr gesamtes Vermögen, Firmen gehen pleite, als Folge davon steigt die Arbeitslosigkeit rapide an. Nun beginnt das, was man später als Weltwirtschaftskrise bezeichnen wird. In Deutschland, das zudem noch unter der Schuldenlast des verlorenen Weltkriegs leidet, werden extreme politischen Parteien immer stärker, vor allem die Nationalsozialisten profitieren.

Die wirtschaftlichen Auswirkungen sind auch in der Chefetage des Laeiszhofs am Nikolaifleet das bestimmende Thema. Wie lange, fragt man sich dort besorgt, kann man die Flying-P-Liner noch gewinnbringend auf der Südamerikaroute einsetzen, wo doch einerseits kaum noch Fracht zu finden ist und andererseits die Erlöse für den Chilesalpeter immer weiter fallen? Und so geschieht etwas, was es bis dahin noch nie gegeben hat: Spätestens ab 1931 fahren die PEKING und die fünf anderen Flying-P-Liner Verluste ein. Nun bleibt Laeisz nichts anderes übrig, als die meisten seiner Viermastbarken außer Dienst zu stellen und sich schließlich von ihnen zu trennen. Die PEKING dient dem Verein Hamburger Reeder noch eine Weile zur Kadettenausbildung, die damals noch zwingend Fahrten auf einem Segler beinhaltet. Dafür hat man schon 1927 das Poopdeck verlängert, um Platz für die Unterkünfte der Kadetten zu schaffen. Dieser Umbau wird wieder bei Blohm & Voss durchgeführt. Am 21. Dezember 1931 verlässt Kapitän Hans Rower mit der PEKING das holländische Schiedam in Richtung Chile, lädt dort ein letztes Mal Salpeter und bringt es nach Europa. Dann holt man die Laeisz-Flagge ein, denn am 9. September 1932 wechselt das Schiff den Besitzer: Für 6250 Pfund Sterling kauft die Firma Shaftesbury Homes Arethu-

sa Training Ship die PEKING, die am 10. Oktober 1932 Hamburg für viele Jahrzehnte verlässt.

Jetzt verliert sie nicht nur ihren Namen – sie heißt nun ARETHUSA –, sondern auch ihre eigentliche Funktion. Fortan dient sie als stationäres Schulschiff, befährt also nicht mehr die Meere, sondern liegt fest vertäut in dem Dorf Upnor unweit von Rochester auf dem Fluss Medway in der Grafschaft Kent.

Für seine neue Aufgabe muss das Schiff erneut umgebaut werden. Dazu schreibt der Schifffahrtsexperte Andreas Gondesen: „Um die Unterrichtsräume im Zwischendeck mit Tageslicht zu versorgen, bekam die ARETHUSA eine Bullaugenreihe in Höhe des Zwischendecks. Im Laderaum unter dem Zwischendeck wurde ein weiteres Deck installiert, das Tageslicht ebenfalls durch Bullaugen erhielt. Umfangreiche Umbauten waren für die Unterkünfte und die sanitären Einrichtungen nötig. Auch das äußere Erscheinungsbild des Schiffes änderte sich. Die ARETHUSA erhielt ein schwarz-weißes Pfortenband wie eine alte englische Fregatte. Die Anordnung der Bullaugen backbord und steuerbord am Poopdeck und die alten Hochdecks entsprachen nicht mehr dem Original. Am Deck wurden alle Ladeluken verschlossen. Auf dem vorderen Hauptdeck im Bereich der Luke 2 wurde ein großes Deckshaus errichtet." Außerdem erhält das Schiff nun einen Betonballast.

Die Umbauarbeiten führt die traditionsreiche, bereits im späten 16. Jahrhundert gegründete Chatham Dockyard aus, die heute als Museum zugänglich ist und als Denkmal der Industriegeschichte für das UNESCO-Weltkulturerbe nominiert wurde. Anschließend nutzt man das Schiff für etwas, was wir heute als Sozialprojekt bezeichnen würden: Junge Männer aus schwierigen sozialen Verhältnissen, die in ihrem normalen Umfeld kaum Entwicklungschancen haben, erhalten hier eine seemännische Ausbildung und damit die Möglichkeit, anschließend beruflich Fuß zu fassen. Es geht aber nicht nur um Berufsausbildung, sondern auch um soziale Eingliederung. Die Erziehungsmethoden an Bord der ARETHUSA entsprechen sicher nicht heutigen Standards, sind aber offenbar recht erfolgreich. Für mehrere Generationen junger Briten wird die ehemalige PEKING zu einem Ort, der ihnen die Chance für eine erfolgreiche Zukunft eröffnet.

Im September 2016 besuchen Angelika und Mathias Kahl vom drei Jahre zuvor gegründeten Verein „Freunde der Viermastbark PEKING" das Jahrestreffen der ARETHUSA Old Boy Association (AOBA), in der sich ehemalige Zöglinge zusammengefunden haben. In ihrem Bericht schreibt Angelika Kahl über deren Erfahrungen und Erinnerungen:

„Als Dreizehn-, Vierzehnjährige waren die meisten von ihnen nicht selten gegen ihren Willen zur Ausbildung auf das Schiff gebracht worden. Oft waren Haltlosigkeit, Erziehungsprobleme, schwierige häusliche Umstände und eine orientierungslose Verlorenheit der Grund ihrer Internierung auf der ARETHUSA. Die Zeit der Ausbildung beschrieben sie als hart, kompromisslos, rigoros und streng. Nicht selten versuchten einige, heimlich das Schiff zu verlassen. Manche brachten es auf mehrere Ausbruchsversuche. Das Essen war schlecht, die Anforderungen an körperliche und geistige Fitness, an gutes Benehmen und kameradschaftliche Fairness dagegen hoch. Sie schliefen in Hängematten, erledigten ihre Aufgabe immer unter Druck, lernten fleißig und litten ständig unter Heimweh. Lob gab es selten, Tadel umso öfter.

Und trotzdem: Alle ARETHUSA Old Boys achten und ehren ihre harte Ausbildungszeit, die ihnen den Weg ins normale Leben ebnete. Dieser Geist der Dankbarkeit, der sich ihnen längst als Sinn und Segen dieser schweren Zeit offenbart hat, begründet noch heute diesen besonderen Geist der Zusammengehörigkeit."

Was mögen die jungen Briten an Bord am 3. September 1939 empfinden, als England Hitlerdeutschland den Krieg erklärt? Ist ihnen bewusst, dass es sich bei ihrem Zuhause um ein ursprünglich deutsches Schiff handelt? Wahrscheinlich denken sie eher daran, dass sie künftig als Marinesoldaten im Seekrieg gegen jenes Land gebraucht werden, das seine Nachbarn überfallen hat und halb Europa bedroht. Und bald auch England, denn am 13. August 1940 beginnt die deutsche Luftwaffe eine Serie von Großangriffen, die in Deutschland als „Luftschlacht um England", in Großbritannien als „The Blitz" in die Geschichte eingehen. Die Bombardements, die die Invasion der britischen Inseln vorbereiten sollen, kosten bis April 1941 weit mehr als 27 000 englischen Zivilisten das Leben.

Der Krieg verändert den Alltag der Menschen radikal. Für die Zöglinge bedeutet es, dass sie ihr Schiff verlassen müssen, denn die Royal Navy beschlagnahmt die ARETHUSA. Sie tritt eine kurze Reise in die Chatam Dockyard an und wird dort von der britischen Marine als Wohnschiff genutzt. Um Verwechslungen mit den Leichten Kreuzern der Arethusa-Klasse zu vermeiden, erhält das Hamburger Schiff seinen alten Namen zurück und dient nun fünf Jahre lang als PEKING der Royal Navy. In dieser Zeit verliert das Schiff auch 16 seiner insgesamt 18 Rahen. Wahrscheinlich wird das Metall damals für Rüstungszwecke benötigt. Erst nach Kriegsende erhält die Stiftung Shaftesbury Homes and Arethusa das Schiff zurück, das nun wie zuvor als ARETHUSA der Kadettenausbildung dient.

Diese gerät allerdings 1964 für einige Tage ein bisschen durcheinander, als auf einmal eine Filmcrew an Bord auftaucht: Der britische Regisseur George Pollock hat das Schiff nämlich als Schauplatz für eine seiner Miss-Marple-Verfilmungen mit der damals schon 72 Jahre alten Margaret Rutherford ausgewählt. So wird aus der ARETHUSA kurzzeitig das Segelschiff BATTLEDORE, auf dem die Hobbydetektivin ihre eigenwilligen Ermittlungen anstellt. In die deutschen Kinos kommt der Krimi 1965 unter dem Titel „Mörder ahoi!".

Die strenge Erziehung an Bord passt gut in die 1950er-Jahre, in denen sich Großbritannien von den Folgen des Krieges erholt. Doch langsam ändern sich die Zeiten und auch die pädagogischen Konzepte.

Salut für eine resolute Dame: 1964 wurde die Agatha-Christie-Verfilmung „Mörder ahoi"
mit Margaret Rutherford als Miss Marple auf der Arethusa gedreht.

späten 1960er-Jahren immer weiter sinkt und die Stiftung Shaftesbury Homes and Arethusa dadurch finanzielle Probleme bekommt. Außerdem müsste das Schiff dringend saniert werden, wofür das nötige Geld fehlt. Schweren Herzens beschließt der Stiftungsvorstand daher 1972, die Arethusa zu verkaufen. Die Kadetten packen ihre Seesäcke, rollen die Hängematten zusammen und verlassen das Schiff, das bald den Besitzer wechseln soll.

Könnte Hamburg, der alte Heimathafen, Interesse haben? Schon in den 1960er-Jahren wird dort immer mal wieder in Zeitungsartikeln dafür geworben, ein Segelschiff dauerhaft nach Hamburg zu holen. Als sich 1974 die Möglichkeit bietet, die Arethusa, die frühere Peking, in England zu kaufen, spricht sich ein beträchtlicher Teil der Hamburger Öffentlichkeit dafür aus. Das Hamburger Abendblatt schreibt von einer „Bombenchance für Hamburg", fährt eine regelrechte Kampagne und berichtet nahezu täglich über den aktuellen Stand der Diskussion. Am 12. September schreibt die Zeitung: „Hamburgs Bevölkerung scheint sich auf ihre Verbundenheit mit der Segelschiffromantik vergangener Tage besonnen zu haben. Nautisch Interessierte, darunter alte Seebären und Cap-Horniers,

Schon 1921 hatte der schottische Reformpädagoge Alexander Sutherland Neill in Dresden-Hellerau eine neuartige Schule gegründet, die er 1924 nach England auf den Summerhill in der Grafschaft Dorset verlegte. In den 1960er-Jahren macht Neill mit seinem Konzept der antiautoritären Erziehung in Westeuropa Furore. Obwohl diese Form der Pädagogik polarisiert und auch heftig abgelehnt wird, werden andererseits die patriarchalischen Erziehungskonzepte, wie sie auf der Arethusa üblich sind, nicht mehr widerspruchslos hingenommen, sondern zunehmend hinterfragt und kritisiert. Kein Wunder also, dass die Zahl der Kadetten in den sind bereit, den Kauf des Windjammers mit Spenden zwischen 20 und 1000 Mark zu finanzieren. Der Tenor aller Äußerungen zum PEKING-Ankauf: Die Hansestadt darf sich auf keinen Fall die große und wohl bald letzte Chance entgehen lassen, ein Zeugnis hanseatischer Segelschiff-Epoche in den Hafen zu holen." Direkt neben dem Artikel ist ein Stimmzettel abgedruckt (siehe Abbildung Seite 81), auf dem sich die Leser für oder gegen den Ankauf entscheiden und auch ankreuzen können, ob sie selbst Geld dafür spenden würden. Zwei Tage darauf heißt es im Abendblatt: „Die Hamburger sind entschlossen, ihren einstigen Großsegler zu retten! Eine Flut von Stimmzetteln deckt seit Freitag die Poststelle des Hamburger Abendblattes ein. Diese überwältigende Spontan-Reaktion auf Berichte des Abendblattes hat ein Signal gesetzt: In der Freien und Hansestadt Hamburg ist die Segelschiff-Tradition doch noch nicht zu den Akten gelegt."

Doch es gibt auch Bedenken. Wirtschaftssenator Helmuth Kern ist allenfalls bereit, einen Liegeplatz dauerhaft und kostenfrei zur Verfügung zu stellen, und zwar an der Innenkante der Überseebrücke. Im Abendblatt sagt er: „Meine Behörde verspricht für den Fall, dass der Viermaster nach Hamburg heimkehrt, jede moralische Unterstützung und Hilfe, solange keine Steuergelder benötigt werden." Moralische Unterstützung ist zwar schön, finanzielle wäre aber nötig. Somit ist klar, dass die Kosten privat aufgebracht werden müssen. Teils aus Überzeugung, sicher aber auch aufgrund des starken öffentlichen Drucks findet sich ein Kreis von „führenden Persönlichkeiten aus Schiffahrt und Wirtschaft" zusammen, um auf der Grundlage von Gutachten zu entscheiden, ob ein Ankauf möglich erscheint. Die Versammlung, die am 25. September 1974 auf Einladung des Hafen-Vereins im noblen Übersee-Club tagt, kommt allerdings zu einem negativen Ergebnis. Im Abendblatt-Bericht heißt es: „Die Versammlung erörterte zunächst eingehend die Frage, ob die PEKING für Hamburg gerettet werden könne. Die

Werft Blohm & Voss und die Reederei F. Laeisz legten Gutachten vor, in denen die beauftragten Experten unabhängig voneinander zu dem gleichen Ergebnis kamen: Die PEKING ist für Hamburg nicht das geeignete Objekt." Als Gründe werden vor allem der schlechte Erhaltungszustand sowie die erheblichen Sanierungs- und Unterhaltungskosten angeführt.

Nachdem die Verantwortlichen in der Freien und Hansestadt abgewinkt haben, setzt man in England im Oktober 1974 eine Auktion an, auf der die J. Aron Charitable Foundation mit Sitz in New York den Zuschlag für die ARETHUSA erhält.

Es lohnt sich, einen Blick auf diese Stiftung zu werfen, denn bei Jack R. Aron handelt es sich um eine interessante Persönlichkeit. Er stammt aus New Orleans, zieht aber schon als Kind 1915 nach New York. Nach dem Studium an der Yale University tritt er 1928 in das Familienunternehmen ein, das sein Vater Jacob 1898 in New Orleans gegründet hat, das aber später nach New York expandiert ist und sich mit dem Import von Rohkaffee, Kakao und Edelmetallen beschäftigt. Am Zweiten Weltkrieg nimmt Jack R. Aron als Offizier der Navy teil. Er interessiert sich für Schifffahrtsgeschichte, sammelt maritime Malerei und ostasiatische Kunst und besitzt mehrere Yachten. 1981 verkauft er seine Firma an das Investmentbanking- und Wertpapierhandelsunternehmen Goldman Sachs, um fortan vor allem als Mäzen zu wirken, bis er Anfang 1994 hochbetagt stirbt. Mit seiner Stiftung gehört er zu den wichtigsten Förderern des South Street Seaport Museums in New York.

Und genau das ist auch der Grund für seinen Ankauf des Schiffs. Die ARETHUSA wird wieder in PEKING umbenannt und tritt im Juli 1975 von London aus ihre Reise über den Großen Teich an. Natürlich nicht mehr unter Segeln und aus eigener Kraft – stattdessen wird der Flying-P-Liner vom niederländischen Seeschlepper UTRECHT über den Atlantik gezogen. Ihr Ziel: das South Street Seaport Museum in New York.

10

DIE PEKING IN MANHATTAN

Hauptattraktion an der Pier des South Street Seaport Museums

Obwohl die Amerikaner mit ihren in der Mitte des 19. Jahrhunderts entwickelten Klippern selbst über sehr schnelle Frachtsegelschiffe verfügen, genießen die Flying-P-Liner der Laeisz-Reederei in den USA einen besonderen Ruf. Dass hier vor allem die PEKING als Legende gilt, liegt ausgerechnet an einem Amerikaner, dem Abenteurer Irving McClure Johnson. Als 24-Jähriger ist er 1929 auf dem Hamburger Schiff von Europa nach Chile mitgefahren und hat dabei einen in Schifffahrtskreisen berühmten Dokumentarfilm gedreht. „The PEKING Battles Cape Horn" zeigt in beeindruckenden Einstellungen die Sturmfahrt des Frachtseglers um die Südspitze Südamerikas und ist voller Bewunderung für das Schiff und seine Besatzung. Kein Wunder also, dass die PEKING, als sie in New York eintrifft, hochwillkommen ist. Sie kommt erst einmal ins Dock, wo sie gründlich inspiziert wird. Als sie dann am 22. November 1975 in der Upper New York Bay eintrifft, ist das ein Ereignis, das viele Menschen begeistert verfolgen. Vor Ellis Island spritzen Feuerlöschboote Salutfontänen zu Ehren des Seglers, der von zwei Schleppern an die Pier 16 am East River verholt wird. Hier im historischen Bezirk South Street

Seaport im Süden von Manhattan findet die PEKING eine neue Heimat. Auf historischen Fotos dieses einst wichtigen Hafengebiets in der Nähe der Brooklyn Bridge sind stets Segelschiffe zu sehen, und so passt es hervorragend, dass der berühmte Viermaster nun am South Street Seaport Museum festmacht. Da die PEKING nur noch über zwei originale Rahen verfügt, findet man eine vielleicht typisch amerikanische pragma-

Jahrzehntelang gehörte die PEKING zu den Attraktionen von Manhattan. Das Luftbild zeigt sie im South Street Seaport Museum, wo sie neben dem deutlich kleineren Dreimaster WAVERTREE lag.

Besonders reizvoll wirkte der Flying-P-Liner vor der Kulisse der Hochhäuser von Manhattan.

tische Lösung: Man ergänzt die fehlenden Rahen durch die Masten von New Yorker Straßenlaternen, was aber nur Insidern auffallen dürfte.

Das 1967 von Peter und Norma Sandford gegründete Museum umfasst einige historische Gebäude, die saniert und restauriert worden sind, sowie mehrere historische Schiffe. Anliegen des auch bei Touristen beliebten Museums ist es, die Vergangenheit dieses ehemaligen Hafenbereichs lebendig werden zu lassen und über das Leben und die Arbeitswelt der einst hier tätigen Menschen zu informieren. Mehrere Schlepper, das Feuerschiff AMBROSE aus dem Jahr 1908, der Schoner PIONIER von 1885 sowie das Vollschiff WAVERTREE gehören zu den schwimmenden Objekten. Die

WAVERTREE ist ein Dreimaster, der 1885 in Southampton gebaut worden ist und ein bewegtes Schicksal hinter sich hat. Mit 99,1 Meter Länge ist er knapp 16 Meter kürzer als die PEKING, die von 1975 an zum neuen Star des South Street Seaport Museums wird.

In New York wird sie weitgehend originalgetreu aufgeriggt und zugleich zum Museumsschiff umgebaut. Für Touristen aus aller Welt gehört die PEKING nun zu den Höhepunkten ihres Manhattan-Besuchs. Fasziniert entdecken sie dieses riesige Segelschiff für sich und erfahren, dass es noch in den ersten Jahrzehnten des 20. Jahrhunderts ohne Dampfmaschine oder Motor, nur mit der Kraft des Windes und dank des seemännischen Könnens seiner mutigen Mannschaften die gefahrvolle Reise von Hamburg über Kap Hoorn bis zu den chilenischen Häfen gemeistert hat. Sie erfahren, wie die Matrosen ohne Elektrizität und andere heute selbstverständliche Annehmlichkeiten an Bord gelebt und mit nur wenigen mechanischen Hilfsmitteln gearbeitet und dabei der oft rauen See getrotzt haben.

Ihren großen Auftritt hat die PEKING im Rahmen der 200-Jahr-Feier der USA im Jahr 1976. Im Bericht der Werkszeitung von Blohm & Voss heißt es dazu:

„Am 3. Juli waren Fulton Market und South Street Seaport Museum volksfestartig geschmückt, die PEKING hatte über die Toppen geflaggt. Punkt 11.00 Uhr begann an Bord die eindrucksvolle Feier. Die vordere Reeling des Hochdecks, mit der Cap-Hornier-Flagge verziert, war zum Rednerpult geworden, das vordere Wetterdeckt zum bestuhlten Parkett. In der Flaggenpyramide über den Festrednern wehten nebeneinander die Blohm + Voss- und die F. Laeisz-Flagge, die Flaggen von Hamburg und Schleswig-Holstein, der Bundesrepublik Deutschland und der Vereinigten Staaten von Amerika."

Merkwürdigerweise ist Hamburgs Bürgermeister Hans-Ulrich Klose nicht angereist, wohl aber Schleswig-Holsteins Ministerpräsident Gerhard Stoltenberg, der die Grüße seines Landes und des Schwesterschiffs PASSAT überbringt, das in Travemünde liegt. Der alte Heimathafen wird vor allem durch den Laeisz-Reeder Nikolaus W. Schües vertreten, der zugleich Vorsitzender des Nautischen Vereins zu Hamburg ist. Schües betont in seiner Rede die Verbundenheit Hamburgs mit der PEKING, hat aber auch eine originale FL-Flagge als Geschenk mitge-

bracht, die Christine v. Mitzlaff-Laeisz, die Urenkelin des Firmengründers und letzte Trägerin des Namens, dem Museum überreicht. Zu den Rednern auf amerikanischer Seite gehört Jack R. Aron, der seine Rede mit dem auf Deutsch gesprochenen Satz beschließt: „Das ist euer Schiff – und das ist unser Schiff. Und in diesem Sinne wollen wir jetzt Freunde für eine gemeinsame Sache sein." In dem Bericht heißt es weiter: „Die deutschen Ehrengäste kamen aus den Reihen der Nauti-

schen Vereine, der Lotsenbrüderschaft, der Marine-Offiziers-Vereinigung und des Deutschen Marinebundes. Vor allem aber waren 46 deutsche Cap-Horniers auf der Viermastbark versammelt. Zwölf von ihnen umrahmten als Ehrenriege den Niedergang zu den einstigen Laderäumen. Sie alle waren PEKING-Fahrer – vom einstigen Leichtmatrosen bis zum Zweiten Offizier dieses Seglers. Tiefbewegt standen sie nach 45 bis 50 Jahren zum ersten Male wieder an Deck ihres liebgewordenen Schiffes." Musikalisch umrahmt wird der Festakt zur symbolischen Wiederindienststellung vom Musikzug des Turn- und Sportvereins Wedel/Holstein.

Nicht nur die Museumsbesucher bewundern die PEKING, die innerhalb kurzer Zeit zu einem New Yorker Wahrzeichen geworden ist. Wer den Franklin D. Roosevelt Drive entlangfährt, sich dem East River auf der Fulton Street nähert oder die Brooklyn Bridge überquert und Richtung Süden schaut, sieht den Viermaster, der einen faszinierenden Kontrast zu den Glasfassaden der Wolkenkratzer im Süden von Manhattan bildet.

Wie ikonisch dieser Flying-P-Liner für Manhattan ist, zeigt sich nicht zuletzt daran, dass er in kaum einem Stadtführer und New-York-Bildband fehlt und auch in einigen Filmen zu sehen ist. Zum Beispiel bei Woody Allen, der 2007 die Komödie „Vicky Cristina Barcelona" dreht. Während Vicky (Rebecca Hall) und Cristina (Scarlett Johansson) in Barcelona mehr oder weniger erotische Abenteuer erleben, ruft Vickys Verlobter Doug (Chris Messina) in einem ziemlich unpassenden Moment aus New York an – und steht dabei direkt vor der PEKING.

Allerdings bekommt das South Street Seaport Museum spätestens seit der Jahrtausendwende zunehmend Probleme mit dem berühmten Schiff. Sanierungs- und Werterhaltungsmaßnahmen, die eigentlich dringend notwendig sind, können nicht finanziert werden, weshalb sich der Zustand immer weiter verschlechtert. Schließlich wird es so schlimm, dass keine Besucher mehr an Bord gelassen werden können. Von

fern macht die PEKING zwar noch immer eine gute Figur, nur aus der Nähe sollte man sie sich nicht mehr ansehen. Für die Museumsmitarbeiter ist das eine unbefriedigende Situation, an der sich jedoch absehbar nichts ändern lässt.

Als schicksalhaft erweist sich schließlich im Oktober 2012 der Hurrikan Sandy, der die Karibik und die Ostküste der USA heimsucht und Dutzenden Menschen das Leben kostet. In New York sind die Auswirkungen verheerend, das öffentliche Leben kommt zum Erliegen, der Strom fällt aus und eine knapp vier Meter hohe Flutwelle überschwemmt die Südspitze von Manhattan. Für das Museum sind die Folgen so schwerwiegend, dass Direktor Jonathan Boulware zunächst nicht weiß, wie es überhaupt weitergehen soll. Die offenkundigen Schäden können zwar auch mit Hilfe von Freiwilligen beseitigt werden, aber für dringend notwendige Werterhaltungsmaßnahmen fehlt das Geld. Vor allem erweist sich die Finanzierung aller Traditionsschiffe als extrem schwierig.

Im Mai 2014 erhält die Hamburger Malerin Angelika Kahl, die Ehefrau von Mathias Kahl, dem heutigen Vorstandsvorsitzenden der „Freunde der Viermastbark PEKING e.V.", eine einmalige Chance: Jonathan Boulware, der Direktor des South Street Seaport Museums, erlaubt ihr, die fürs Publikum längst gesperrte PEKING zu betreten. Sie nutzt diese Möglichkeit für eine umfangreiche fotografische Dokumentation. Wer anschließend ihre Bilder betrachtet, ist allerdings ernüchtert, denn sie verraten, in welch desolatem Zustand sich das berühmte Schiff zu diesem Zeitpunkt schon befindet. Angelika Kahl schreibt dazu: „Überall auf der PEKING und besonders unter Deck zeigte sich, dass das South Street Seaport Museum nicht in der Lage war, das Schiff angemessen zu erhalten." Das ist Jonathan Boulware natürlich selbst klar, nur ändern kann er es nicht. Also bleibt ihm nichts anderes übrig, als sich von der PEKING zu trennen. Das ist keine leichte Entscheidung, aber sie ist unabwendbar.

Als die PEKING in New York eintraf, verfügte sie nur noch über zwei Rahen. Die Mitarbeiter des South Street Seaport Museums fanden eine pragmatische Lösung: Sie ersetzten die fehlenden Rahen durch die Masten von New Yorker Straßenlaternen, was nur Experten auffiel.

Bei ihren New-York-Besuchen bewunderten
auch viele Hamburger die PEKING – und wünschten
sich eine Rückkehr in den alten Heimathafen.

11

SEHNSUCHT NACH HAMBURG

Die langen Bemühungen um die Rückkehr

Noch bis ins frühe 20. Jahrhundert hinein wird das Bild des Hamburger Hafens von Segelschiffen geprägt, obwohl die Tage der Windjammer damals schon gezählt sind. Längst bewundern die Menschen die immer größer werdenden Dampfer und Motorschiffe, vor allem die Ozeanriesen wie den Luxusdampfer IMPERATOR, der 1913 in Dienst gestellt wird. Die Segelschiffe, die seit 1888 nicht mehr im Binnenhafen, sondern am Kleinen Grasbrook und im Holzhafen liegen, gelten inzwischen als altmodisch und technisch überholt. Nach dem Ersten Weltkrieg ist der für Hamburg einst so typische Mastenwald schon arg gelichtet, und bald verschwinden die Frachtsegler nahezu vollständig aus dem Hafen. 1912 sind in Hamburg noch 108 Segelschiffe zu Hause, 1929 nur noch neun. Nach der Weltwirtschaftskrise ist die Ära der Frachtsegler dann fast ganz vorbei, nur die PADUA und die PRIWALL sind noch im Einsatz.

Doch die Faszination bleibt, was gewiss auch mit der romantischen Verklärung zu tun hat, die sich mit den Seglern verbindet. Aber auch die in vielen Jahrhunderten entwickelte Technik und vor allem das überaus ästhetische Erscheinungsbild faszinieren die Menschen. Gerade weil sie so selten geworden sind, richtet sich das Interesse der Öffentlichkeit schon seit den 1950er-Jahren wieder verstärkt auf Segelschiffe und

Segel oder Dampf: Anfang des 20. Jahrhunderts hatte noch beides seine Berechtigung. Allerdings wurden große Dampfer wie der 1913 in Dienst gestellte Passagierdampfer IMPERATOR als technische Wunderwerke bestaunt.

Der 1911 in Dienst gestellten PASSAT drohte 1957 die Abwrackung. Das konnte verhindert werden, weil die Hansestadt Lübeck die Viermastbark kaufte. Sie liegt bis heute als Museumsschiff in Travemünde.

deren Schicksale. Als die Viermastbark PAMIR, die 1905 von Laeisz in Dienst gestellt wird und nach wechselvollem Schicksal seit 1954 wieder unter deutscher Flagge – allerdings nicht unter der von Laeisz – als frachtfahrendes Schulschiff unterwegs ist, am 21. September 1957 in einem Hurrikan sinkt, ist das für die Bundesrepublik eine nationale Tragödie. 80 der 86 Besatzungsmitglieder, von denen die meisten Kadetten sind, kommen ums Leben. Nur wenige Wochen nach der Katastrophe übersteht die PASSAT, die wie ihr Schwesterschiff PEKING 1911 in Dienst gestellt worden ist, auf der Rückreise von Argentinien einen schweren Orkan nur knapp. Nach einem Zwischenstopp in Lissabon schafft es der ehemalige Flying-P-Liner

zwar noch aus eigener Kraft nach Hamburg, wird aber anschließend ausgemustert. Offenbar kommt damals niemand auf die Idee, dass sich der bei Blohm & Voss gebaute Laeisz-Segler als Museumsschiff für Hamburg gut machen würde. Stattdessen kauft die Hansestadt Lübeck 1960 die PASSAT, die seither als Museumsschiff, Veranstaltungsort und Hotel am Priwallufer liegt und inzwischen als Wahrzeichen von Travemünde gilt. Auch als 1958 nach Jahrzehnten wieder ein Segelschiff in Hamburg gebaut wird, ist das öffentliche Interesse groß. Auftraggeber der Dreimastbark GORCH FOCK, die am 17. Dezember 1958 in Dienst gestellt wird, ist die Bundesmarine, Heimathafen aber nicht Hamburg, sondern Kiel.

Als man 1974 aus Kostengründen die Gelegenheit ausschlägt, die ARETHUSA alias PEKING zurück nach Hamburg zu holen (siehe voriges Kapitel), beschließen die damals Verantwortlichen zugleich, den gemeinnützigen Verein „Windjammer für Hamburg" ins Leben zu rufen, der sich dafür einsetzen soll, ein anderes Segelschiff für den Hafen zu sichern. Wenig später wird der Verein mit dem Ziel gegründet, „Hamburgs Vergangenheit als Kauffahrtei- und Schiffahrtstadt in lebendiger Erinnerung zu halten". Den Vorsitz übernimmt Wilhelm „Fiete" Schmidt, der umtriebige Chef des Hafen-Vereins, der sich nun auf die Suche nach einem Segelschiff macht.

Im November 1976 scheint es so weit zu sein: In Norwegen steht die Dreimastbark STATSRAAD LEHMKUHL zum Verkauf. Es ist die frühere GROSSHERZOG FRIEDRICH AUGUST, die 1914 in Geestemünde als Segelschulschiff gebaut worden ist. Kaufpreis: zwei Millionen Mark. Um den aufzubringen, wird eine Spendenaktion initiiert. Der „Spiegel" schreibt darüber:

„Prominente Hanseaten gaben auf der Internationalen Bootsausstellung täglich Autogrammstunden und sammelten für das ferne Schiff; am Ende hatten sie mehr als 13 500 Mark zusammen. ‚Bild' verkauft seit voriger Woche Windjammer-Aufkleber für zwei Mark das Stück, der Hamburger Sport-Verein (HSV) will für den Windjammer spielen, Ex-Hafensenator Kern erwartet Spenden aus der Wirtschaft von mindestens 500 000 Mark, und den Rest hofft er mit Hilfe einer ‚regelrechten Lotterie' zusammenzufechten – inklusive Kosten für den Umbau (rund 800 000 Mark) zum Museumsschiff." Aber auch diesmal wird es nichts, das Geld kommt nicht zusammen, und die STATSRAAD LEHMKUHL, die übrigens noch immer segelfähig ist und häufig verchartert wird, bleibt in Norwegen. Ihr Heimathafen ist bis heute Bergen.

Schließlich wird der Verein auf einen dreimastigen Frachtsegler aufmerksam, der als Depotschiff unter dem Namen SANTO ANDRÉ im Marinehafen Arsenal do Alfeite unweit von Lissabon vor sich hinrottet. Einst

Abendblatt-Fragebogen aus dem Jahr 1974

war es ein stattliches Schiff, doch nach einer wechsel-vollen Geschichte ist es nun nur noch ein Hulk, also ein Depotschiff ohne Rigg und Takelage. Gebaut worden ist der 97 Meter lange Dreimaster 1896 bei Rickmer Clasen Rickmers in Bremerhaven. Benannt wird er damals nach Rickmer Rickmers, dem erst 1974 betagt verstorbenen Enkelsohn des Werftbesitzers und Reeders. Die RICKMER RICKMERS transportiert unter anderem Reis und Bambus von Hongkong nach Bremen,

Die RICKMER RICKMERS im Hamburger Hafen.

unternimmt aber auch Reisen nach den Vereinigten Staaten und Südafrika. 1912 wird aus dem Bremer ein Hamburger Schiff: Die Reederei Carl Christian Krabbenhöft kauft den Dreimaster, tauft ihn auf den Namen MAX und setzt ihn zum Kohlentransport von Wales und auf der Salpeterroute ein. Nach Ausbruch des Ersten Weltkriegs geht die MAX vor der Stadt Horta auf der Azoreninsel Faial vor Anker. Im Februar 1916 konfiszieren die Portugiesen das Schiff, taufen es in FLORES um und setzen es zum Transport von Rüstungsgütern für Großbritannien ein. Acht Jahre später wird das Schiff schon wieder umbenannt und zum Segelschulschiff umgebaut, bis 1962 ist die SAGRES in dieser Funktion für die portugiesische Marine im Einsatz. Von da an heißt sie SANTO ANDRÉ und wird als Depotschiff in Alfeite genutzt, aber nicht mehr wirklich gebraucht. Und das wirkt sich auf ihren Zustand aus, der sich immer weiter verschlechtert.

Trotzdem interessiert sich der Verein „Windjammer für Hamburg" für den ziemlich heruntergekommenen Dreimaster. Statt ihn zu kaufen, bieten die Hamburger den Portugiesen einen Tauschhandel an: Sie kaufen die 1977 in Westerbroek gebaute Schoneryacht ANNE LINDE die bis dahin für Charterreisen ins Mittelmeer eingesetzt worden ist, und tauschen sie gegen den Dreimaster, der 1983 nach Hamburg geschleppt wird und nun wieder RICKMER RICKMERS heißt. Die ANNE LINDE wird übrigens bis heute von der portugiesischen Marine unter ihrem neuen Namen POLAR als Segelschulschiff genutzt.

Am 7. Mai 1984 können die Hamburger die RICKMER RICKMERS erstmalig wieder an den Landungsbrücken besichtigen. Anschließend wird sie an den Eurokai HDW verholt und von vielen Freiwilligen und ABM-Kräften komplett saniert und zum Museumsschiff umgebaut. Seit Herbst 1987 liegt die RICKMER RICKMERS, die von einer eigenen Stiftung betrieben wird, als Lieger (nicht fahrtüchtiges Schiff) am Fiete-Schmidt-Anleger und kann täglich besucht werden. Damit hat

Hamburg endlich wieder ein eigenes, wenn auch nicht fahrtüchtiges Segelschiff, allerdings keinen der berühmten Flying-P-Liner.

Doch nach der Jahrtausendwende zeichnet sich auch hier eine neue Perspektive ab; denn das South Street Seaport Museum bekommt wie schon geschildert zunehmend Probleme mit der PEKING. Insgesamt verfügt das Museum über sechs Schiffe, aber nicht über die Mittel, sie alle dauerhaft zu erhalten. Und hinsichtlich der Werterhaltung steht die PEKING quasi in direkter Konkurrenz zur gleich nebenan liegenden WAVERTREE. Das hat auch historische Gründe: Während die PEKING in ihrer aktiven Zeit niemals in New York gewesen ist, hat die 1885 in Southampton als SOUTHGATE erbaute WAVERTREE Manhattan oft angelaufen. Bei Lichte betrachtet passt das englische Schiff viel besser nach New York als der Hamburger Flying-P-Liner. Das sehen auch die Volonteers so, die Ehrenamtlichen, ohne die das Museum nicht überleben könnte. Sie stimmen quasi mit den Füßen ab und engagieren sich mit ihrer freiwilligen Arbeit vor allem für die WAVERTREE, während sich der Zustand der PEKING immer weiter verschlechtert.

Nach ersten Verhandlungen, die der damalige Handelskammer-Geschäftsführer Reinhard Wolf und Joachim Kaiser 2002 in New York über den möglichen Ankauf des Schiffs führen, kommt es 2003 zu einer weiteren wichtigen Begegnung. Am Rande der Jubiläumsregatta des Norddeutschen Regatta Vereins (NRV) trifft der Hamburger Anwalt und Unternehmensberater Henning Schwarzkopf amerikanische Segelfreunde. Durch persönliche Vermittlung ergeben sich erste Verhandlungen mit dem New Yorker Museum. Am Anfang liegt man ziemlich weit auseinander, weil sich die Amerikaner einen sehr hohen Kaufpreis vorstellen. Hinzu würden die Kosten für die Überführung kommen, die in Anbetracht des Zustandes der PEKING nur mit einem Dockschiff durchgeführt werden kann. 2008 gibt das Museum auf Veranlassung und auf Kosten der Stiftung Hamburg Maritim das Schiff noch einmal in die Werft, um den Erhaltungszustand des Rumpfes genau untersuchen zu lassen.

Während den Amerikanern langsam klar wird, dass sie den Viermaster in diesem Zustand nicht mehr verkaufen können, ihn aber trotzdem irgendwie loswerden müssen, treibt vor allem Reinhard Wolf das Projekt ebenso hartnäckig wie zielstrebig voran. So werden die Kosten für den Rücktransport ermittelt und Angebote für die Restaurierung eingeholt. 2012 hat man nicht nur die Spendenzusagen in Höhe von mehreren Millionen Euro, sondern auch das Angebot der F. Laeisz GmbH, die Versicherungsprämie des Schiffs zu übernehmen, wozu sich das South Street Seaport Museum schon nicht mehr in der Lage sieht. Nun endlich ringt sich die New Yorker Seite dazu durch, auf einen Kaufpreis zu verzichten und die PEKING für die symbolische Summe von 100 Dollar anzubieten.

Doch auch das hilft noch nicht wirklich, weil die Hamburger trotz teilweise hoher Spendenzusagen die Mittel für den Rücktransport einfach nicht zusammenbekommen. Für Reinhard Wolf und seine Mitstreiter ist es ein Wechselbad der Gefühle: Einerseits könnten sie das Schiff jetzt haben, doch andererseits droht noch alles am fehlenden Geld zu scheitern. Am 8. November 2013 treffen sich Reinhard Wolf und Henning Schwarzkopf zusammen mit weiteren fünf an der PEKING interessierten Personen, um mit dem Verein „Freunde der Viermastbark PEKING e. V." einen Rechtsträger für die weiteren Verhandlungen und die Transaktion der Rückholung des Schiffes zu haben. Die Eintragung ins Vereinsregister erfolgt im Dezember 2013.

Im Frühjahr 2015 spitzt sich die Lage in New York zu: Das South Street Seaport Museum gibt aus Kostengründen einen Teil seines Geländes auf und kündigt an, dass Pier 16 bis Ende Juni geräumt sein muss. Allen Beteiligten ist klar: Wenn nicht ein Wunder geschieht, wird die PEKING nach 104 Jahren schon bald ihre letzte Fahrt antreten, die Fahrt zur Abwrackwerft.

HAMBURG-AMERIKA LINIE

Diese Ansicht des Hamburger Hafens schuf der Marinemaler Hugo Schnars-Alquist (1855–1939) im Jahr 1904. Auf dem Gemälde, das sich im Museum für Hamburgische Geschichte befindet, ist gut zu sehen, wie stark Anfang des 20. Jahrhunderts noch Segelschiffe das Bild des Hafens prägten.

12

DER BUNDESTAG MACHT'S MÖGLICH

Millionen aus Berlin für ein Deutsches Hafenmuseum in Hamburg

Kultur ist in der föderal gegliederten Bundesrepublik in erster Linie Sache der Länder, die sehr genau über die ihnen zustehende Hoheit wachen. Aber auch der Bund betreibt in einem bestimmten Rahmen Kulturpolitik, unterstützt zum Beispiel Einrichtungen und Projekte von überregionaler, nationaler Bedeutung, fördert die Kultur in der Hauptstadt Berlin, finanziert Gedenkstätten, Archive, Stiftungen und Bibliotheken, betreibt Filmförderung, bemüht sich um eine freie und pluralistische Medienlandschaft und gibt Impulse für den Diskurs zu Fragen von Kunst und Kultur. Ohne das Engagement des Bundes wäre die Kultur in Deutschland sehr viel ärmer. Einen Bundeskulturminister gibt es zwar nicht, seit 1998 aber das beim Kanzleramt angesiedelte Amt des Beauftragten der Bundesregierung für Kultur und Medien. Die CDU-Politikerin Monika Grütters, die dieses Amt seit 2013 innehat, wird in ihrer Arbeit vom Kulturausschuss des Deutschen Bundestages begleitet und kontrolliert. Aber neben der Kulturbeauftragten und dem Kulturausschuss besitzt auch der Haushaltsausschuss des Deutschen Bundestages eine beträchtliche Gestaltungsmacht. Der Grund dafür liegt auf der Hand: Dieser Ausschuss kann erhebliche Summen an Bundesmitteln verteilen, auch für neue ambitionierte Kulturprojekte, die ohne diese Form der Unterstützung keine Chance auf Realisierung hätten.

Schon in New York zeigt Hamburg auf der PEKING wieder Flagge. Der Bundestagsabgeordnete Johannes Kahrs überzeugt sich unter Deck vom schlechten Zustand des Schiffes.

Das Deutsche Schifffahrtsmuseum in Bremerhaven besteht sei 1971.
Der Museumsbau des Architekten Hans Scharoun wurde 1975 eröffnet.

Jahrelang sitzen die beiden Hamburger Abgeordneten Johannes Kahrs (SPD) und Rüdiger Kruse (CDU) im Haushaltsausschuss, wo sie trotz unterschiedlicher Parteizugehörigkeit mit beträchtlichem Erfolg am selben Strang ziehen – sehr oft zum Nutzen ihrer gemeinsamen Heimatstadt. Ob Denkmalschutz, Orchesterförderung, Museumsprojekte, die Sanierung von Theatern oder die Unterstützung von Festivals – in den vergangenen Jahren haben K & K, wie die als Persönlichkeiten recht gegensätzlichen und dennoch bestens harmonierenden Abgeordneten an der Küste genannt werden, mehrere Hundert Millionen Euro Bundesmittel für Hamburg sichern können.

Die beiden bestens vernetzten Politiker sind begehrte Gesprächspartner, nicht zuletzt für jene, die im Kulturbereich Verantwortung tragen. Denn Unmögliches möglich zu machen gehört zum Repertoire „der kleinsten funktionierenden Einheit der Groko", wie der

Sozialdemokrat Kahrs im Januar 2018 die Arbeitsgemeinschaft mit seinem CDU-Kollegen mal auf Twitter launig genannt hat. Kein Wunder also, dass die Befürworter eines Deutschen Hafenmuseums diese Idee den einflussreichen Abgeordneten nahezubringen versuchen. Erst im Mai 2020 endet mit Johannes Kahrs' überraschendem Rückzug aus der Politik die jahrelange Unterstützung der Hamburger Kultur durch das parteiübergreifende Tandem der beiden Bundestagsabgeordneten.

Die Idee, das als Außenstelle des Museums der Arbeit im Hansahafen bestehende Hafenmuseum in deutlich größerem Maßstab zu einem Projekt mit nationaler und internationaler Strahlkraft weiterzuentwickeln, liegt schon seit mehr als einem Jahrzehnt quasi in der Luft und wird seit den frühen 2000er-Jahren diskutiert.

Aber schauen wir uns einmal an, wie Hamburg sich museal bis dahin mit seiner Hafen- und Schifffahrtsgeschichte beschäftigt hat. Offenbar gibt es Dinge, die so normal und selbstverständlich sind, dass man nicht mehr darüber nachdenkt. Dass Hamburg seit der Frühen Neuzeit Deutschlands Hafenstadt Nummer eins ist, weiß jeder. Mit dem traditionellen Slogan vom „Tor zur Welt", der aus der Kaiserzeit stammt und schon damals unhanseatisch übertrieben war, weil Hamburg natürlich niemals „das", sondern immer nur Deutschlands und vielleicht noch Mittel- und Osteuropas Tor zu Welt war, wird die Bedeutung des Hafens geradezu sprichwörtlich. Trotzdem kommt in der Freien und Hansestadt lange Zeit niemand auf die Idee, der für die Stadtgeschichte so wichtigen Entwicklung von Schifffahrt und Hafen ein eigenes Museum zu widmen. Gewiss, im Museum für Hamburgische Geschichte sammelt man seit jeher mit Kompetenz und Engagement maritime Zeugnisse mit Bezug zur Stadt- und Hafengeschichte, ebenso wie im Altonaer Museum, in dem die maritimen Aspekte der erst zum Dänischen Gesamtstaat und später zu Preußen gehörenden Hafenstadt dokumentiert werden, die erst seit 1938 mit Hamburg vereinigt ist. Aber ein Schifffahrtsmuseum gibt es in Hamburg lange nicht. Auch nach dem Zweiten Weltkrieg tut man sich noch schwer mit dem maritimen Erbe, das vielleicht zu selbstverständlich ist, als dass man es in den Blick nehmen und pflegen müsste. Das geschieht eher anderswo, etwa in Bremerhaven, wo 1975 das Deutsche Schifffahrtsmuseum eröffnet wird. Auch in Kiel kommt es zur Gründung eines Schifffahrtsmuseums, das den Besuchern seit 1978 in der ehemaligen Fischauktionshalle offensteht. 1984 wird im historischen Gebäude des Zollpackhauses in der Flensburger Altstadt ein Schifffahrtsmuseum eröffnet, 1989 folgt ein ähnliches Museum in Husum. Schon seit 1980 gibt es in Cuxhaven ein vielbesuchtes Wrackmuseum, das mit dem ehemaligen Fischereimuseum vereinigt und 2013 mit einem neuen, stark interaktiven Konzept unter dem Namen „Windstärke 10 – Wrack- und Fischereimuseum Cuxhaven" neu eröffnet wird.

Immerhin besteht in Hamburg seit 2005 am Bremer Kai des Hansahafens als Außenstelle des Museums der Arbeit ein Hafenmuseum. Es befindet sich im seit 2002 denkmalgeschützten Kaischuppen 50A und beherbergt in seinen Außenanlagen mehrere schwimmende Objekte. Dieses Museum verfügt über ein großes Schaudepot, in dem die Sammlung zu Hafenumschlag, Schiffbau und Revierschifffahrt zu erleben ist, die schon seit den 1980er-Jahren von Achim Quaas im Museum der Arbeit aufgebaut wird. Besonders wichtig ist hier das Engagement von ehrenamtlichen Mitarbeitern, die selbst früher im Hafen tätig waren und ihre Erfahrungen ebenso engagiert wie authentisch einbringen.

Doch erst seit 2008 besitzt Hamburg ein wirkliches Schifffahrtsmuseum. Es geht aber keineswegs auf staatliche, sondern auf private Initiative zurück. Damals wird das Internationale Maritime Museum Hamburg (IMMH) mit der Privatsammlung des Journalisten und Verlagsmanagers Peter Tamm eröffnet. Die Sammlung, die im von der Stadt zur Verfügung gestellten, für 30 Millionen Euro – die von der Bürgerschaft einstimmig bewilligt werden – komplett restaurierten und zum Museum umgebauten Kaispeicher B präsentiert wird, steht unter Tamms Leitmotiv „Schifffahrtsgeschichte ist Menschheitsgeschichte". Das Museum setzt sich

Auch im Museumshafen Oevelgönne wird an Hamburgs maritime Vergangenheit erinnert.

mit dem universalen Konzept, die Geschichte und Entwicklung der Schifffahrt vom Einbaum bis zum modernen Containerschiff darzustellen, von den allermeisten, fast immer national oder lokal ausgerichteten maritimen Museen weltweit ab.

Auf einer Ausstellungsfläche von mehr als 12 000 Quadratmetern werden Schiffsmodelle, Fotografien, Pläne, Karten, Bücher, Globen, Waffen, Ausrüstungsgegenstände, nautische Geräte, aber auch Gemälde und andere wertvolle Kunstwerke gezeigt. Dazu zählt eine bedeutende Sammlung jener überaus kunstvollen Knochenschiffe, die französische Kriegsgefangene Anfang des 19. Jahrhunderts unter widrigsten Umständen gefertigt haben. Auch der thematische Bogen der Ausstellungen ist weit gefasst, er reicht von den Entdeckungsfahrten über die Segelschifffahrt, den Schiffbau, den Seekrieg, die Handels- und Passagierschifffahrt

bis hin zur Meeresforschung, der ein eigenes Ausstellungsdeck gewidmet ist. Auf einem weiteren Deck wird die Schifffahrtsentwicklung anhand von etwa 50 000 Miniatur-Schiffsmodellen nachgezeichnet, von denen die meisten im Maßstab 1:1250 hergestellt wurden.

Die Eröffnung des IMMH fällt in eine Zeit, in der die finanziell unzureichend ausgestatteten Hamburger Museumsstiftungen durch eine unglücklich gemanagte Kulturpolitik in finanzielle Schieflage geraten sind. Zwei Jahre später beschließt der Senat sogar die Schließung des Altonaer Museums – was schließlich durch großen Widerstand in der Stadt noch verhindert werden kann. So erhält zwar 2010 der mit Museumsprojekten erfolgreiche Architekt Andreas Heller den Auftrag, einen Masterplan für ein Hafenmuseum am Standort der 50er-Schuppen im Hansahafen zu erarbeiten. Doch als dieser schließlich vorgestellt wird und Heller die Investition mit 60 Millionen zuzüglich 40 Millionen Euro Folgekosten in anderen Museen angibt, winken die Verantwortlichen ab. Viel zu teuer, auf keinen Fall finanzierbar, heißt es damals. Da hilft es auch nicht, dass Kahrs und Kruse in Aussicht stellen, die Hälfte des Geldes als Bundesmittel zur Verfügung zu stellen. Kurz darauf wird auf Initiative der Handelskammer ein alternatives Museumskonzept entwickelt, das weitgehend auf den Bestand der 50er-Schuppen setzt und die PEKING als „Leuchtturm" des Museums vorsieht.

Doch auch wenn sich dieses Projekt zu diesem Zeitpunkt nicht realisieren lässt, begraben wird es nicht. Zwei Dinge kristallisieren sich immer deutlicher heraus: Es kann sich eben nicht um ein Museum mit nur Hamburger Relevanz handeln, sondern um ein Deutsches Hafenmuseum, das die enorme Bedeutung des Handels für die deutsche Geschichte herausarbeitet, dabei auch

Am 25. Juni 2008 eröffnete der Stifter Peter Tamm gemeinsam mit Bundespräsident Horst Köhler und Hamburgs Erstem Bürgermeister Ole von Beust das Internationale Maritime Museum Hamburg im Kaispeicher B.

die vielfältigen Aspekte der Globalisierung in den Blick nimmt und sich in diesem Rahmen mit Projekten wie der Zeche Zollverein in Essen (Bergbau) und der Völklinger Hütte (Industrie) vergleichen lässt. Das Hafenmuseum soll sich dem weltweiten Handel, dem Netzwerk globaler Austauschprozesse widmen, beim IMMH stehen dagegen das Schiff und seine Nutzung in Historie und Gegenwart im Fokus.

Immer deutlicher wird aber auch, dass dieses Deutsche Hafenmuseum ein Leitobjekt und ein weithin sichtbares Wahrzeichen braucht, das Aufmerksamkeit schafft und Identifikation stiftet. Und dabei kann es sich eigentlich nur um den Flying-P-Liner PEKING handeln, dessen Zukunft in New York immer ungewisser wird.

Auf diese Weise lassen sich die beiden aktuell wichtigsten Ideen zur maritimen Geschichte Hamburgs zu einem gemeinsamen Projekt vereinen, was auch Außenstehenden plausibel erscheint und die Realisierungschancen letztlich erhöht.

Auf Initiative des Vereins „Freunde der Viermastbark PEKING" und in enger Abstimmung mit der Stiftung Hamburg Maritim und den Verantwortlichen der Stiftung Historische Museen Hamburg kommt es zu Gesprächen mit Kahrs und Kruse, um sie von der Idee zu überzeugen – mit Erfolg. Maßgeblich beteiligt ist der politisch bestens vernetzte ehemalige Kulturstaatsrat Gert Hinnerk Behlmer. Auch Anja Hajduk, die als Hamburger Abgeordnete von Bündnis 90 / Die Grünen im Haushaltsausschuss sitzt, unterstützt das Projekt.

Aber das alles steht und fällt mit der Finanzierung, die zunächst noch völlig unklar erscheint. Reinhard Wolf sucht das Gespräch mit Johannes Kahrs, der maritimen Projekten gegenüber grundsätzlich aufgeschlossen ist. Am Sonntag, dem 11. Oktober 2015, kommt es dann um 16 Uhr im Privathaus von Nikolaus H. Schües in der Heilwigstraße zu einem denkwürdigen Treffen, an dem neben dem Kuratoriumsvorsitzenden die Vorstandsmitglieder der Stiftung Hamburg

Maritim Joachim Kaiser und Claus Liesner zusammen mit Reinhard Wolf und Gert Hinnerk Behlmer, früher Staatsrat in der Kulturbehörde und heute Beiratsvorsitzender der Stiftung, teilnehmen. Behlmer, wie Johannes Kahrs SPD-Mitglied, hat den Kontakt zu dem Bundestagsabgeordneten und Sprecher der SPD-Fraktion im Haushaltsausschuss geknüpft und empfiehlt in Abstimmung mit ihm in diesem Sonntagstreffen, die Stiftung Hamburg Maritim solle kurzfristig ein formloses Schreiben an den Haushaltsausschuss richten und darin die notwendigen Mittel von 26 Millionen Euro für die Rettung der PEKING beantragen. Das wird am nächsten Tag formuliert und von zwei Vorständen der Stiftung unterzeichnet.

Man kann es schon als Paukenschlag bezeichnen: Am 12. November 2015 bewilligt der Haushaltsausschuss des Bundestages neben 18 Millionen Euro zur Modernisierung des Museums für Hamburgische Geschichte auch 120 Millionen Euro für die Errichtung eines Deutschen Hafenmuseums „einschließlich der Sanierung und Überführung der historischen Viermastbark PEKING von New York nach Hamburg". Davon sind insgesamt 26 Millionen Euro für den Rücktransport und die anschließende Sanierung der PEKING vorgesehen.

Für viele der Beteiligten wird damit ein Traum wahr: Was man sich über viele Jahre hinweg gewünscht hat, was aber immer wieder an der Ungunst der Verhältnisse und dem fehlenden Geld scheiterte, jetzt auf einmal ist es möglich geworden.

Und vier Jahre später, im November 2019, gewährt der Haushaltsausschuss sogar noch einen finanziellen Nachschlag: Da sich gezeigt hat, dass die Kosten des inzwischen schon stärker konkretisierten Gesamtprojekts die bisherigen Annahmen übersteigen werden, gibt es noch einmal 58 Millionen vom Bund. Zu dieser Zeit ist die PEKING schon längst wieder heimgekehrt, zumindest beinahe. Noch liegt sie nicht in Hamburg, sondern bei der Peters Werft im schleswig-holsteinischen Wewelsfleth.

Vor der Überfahrt: Die PEKING auf der Caddell-Werft in Staten Island.

13

LETZTMALIG ÜBER DEN GROSSEN TEICH

Wie die Stiftung Hamburg Maritim die Peking zurückholt

Zur Wahrung der maritimen Geschichte der Freien und Hansestadt Hamburg sollen die noch vorhandenen Zeugnisse bewahrt und der Öffentlichkeit zugänglich gemacht werden." So steht es in der Satzungspräambel der Stiftung Hamburg Maritim, die im Jahr 2001 auf Initiative der Handelskammer mit der Hamburgischen Landesbank als Stifterin gegründet wird. Die Aufgaben der Stiftung, die heute auf das Engagement von mehr als 1700 Ehrenamtlichen in den einzelnen Objekten setzen kann, sind vielfältig. Sie umfassen die Erhaltung und Restaurierung von Schiffen und anderen schwimmenden Objekten, aber auch von historischen Hafenanlagen. So übernimmt die Stiftung Hamburg Maritim 2002 die 50er-Schuppen von der Hamburger Hafen und Lagerhaus AG und der Freien und Hansestadt Hamburg, restauriert sie und rettet das eindrucksvolle Industriedenkmal-Ensemble vor dem Abriss. Seit 2005 dient der Schuppen 50A als Schaudepot, das als Hafenmuseum vom Museum der Arbeit betrieben wird.

Es ist vor allem die Expertise in Sachen Restaurierung von historischen Schiffen, die dazu führt, dass die Stiftung Hamburg Maritim nach dem Haushaltsbeschluss des Deutschen Bundestages von 2015 den Auftrag erhält, die Peking zurück nach Hamburg

Das endgültige Ziel ist der am Heck vermerkte alte Heimathafen.
Auf die Überfahrt im Dockschiff muss die Peking gründlich vorbereitet werden.

Der 1958 gebaute Stückfrachter Bleichen sollte eigentlich abgewrackt werden. Die Stiftung Hamburg Maritim rettete und restaurierte das Schiff, das heute im Hamburger Hafen am Bremer Kai liegt. Möglich wurde das durch die Unterstützung des Bundes in Höhe von drei Millionen Euro.

zu holen. Das klingt einfacher, als es in Wahrheit ist, denn angesichts des desolaten Zustands, in dem sich der Flying-P-Liner jetzt in New York befindet, handelt es sich um eine äußerst schwierige Aufgabe, die genauestens geplant werden muss, bei der man aber trotzdem keineswegs vor Überraschungen sicher ist. Das weiß wohl keiner besser als Joachim Kaiser, der zum vierköpfigen Vorstand der Stiftung gehört. Er weiß um die Risiken und ist davon überzeugt, dass es die Stiftung angesichts der finanziellen Belastungen bei einer blauäugigen Übernahme der Peking in den Ruin treiben könnte. Was heute so folgerichtig erscheint, ist zunächst keineswegs unstrittig.

Die Ausgangslage sieht so aus: Mit den Vermietflächen an den 50er-Schuppen gegenüber der Elbphilharmonie ist die Stiftung zwar nicht üppig, aber solide aufgestellt. Und mit den historischen Schiffen,

angefangen bei der gerade fertiggestellten Bleichen, der Schaarhörn und vielen anderen, ist genug zu tun. Sollte man sich mit der Peking operativ oder finanziell übernehmen, wäre die Stiftung als Ganzes gefährdet. Daneben ist allen Beteiligten klar, dass ein Engagement für die Peking eine personelle Belastung bedeuten würde. Klar ist aber auch, dass es nur wenige Fachleute gibt, die eine solche Aufgabe – den Rückbau zum Originalzustand – planen und realisieren können. Zwei davon sind Detlev Löll und Joachim Kaiser, die großen Respekt vor der Aufgabe äußern. Es gibt aber ein schlagendes Argument dafür: Wenn es der Stiftungszweck ist, das maritime Erbe zu erhalten, und man bekommt ein solches Schiff praktisch geschenkt, wie will man folgenden Generationen erklären, dass man aus Furcht vor der eigenen Courage diese Chance hat vorüberziehen lassen? Nach intensiven Überlegungen stimmen der Beirat am 19. und das Kuratorium am 26. April 2016 dem Projekt zu.

Im Spätsommer 2016 wird es konkret. Gemeinsam mit dem Sachverständigen und Schiffbaumeister Detlev Löll ist Kaiser nach New York geflogen. Die Zeit drängt, das South Street Seaport Museum muss das Schiff auf einmal dringend loswerden, weil der Liege-

Passgenau: Die PEKING im Dockschiff.

platz an Pier 16 schon anderweitig vergeben ist. Und zwar an das Modelabel Tommy Hilfiger, das dort zur New York Fashion Week eine große Show plant. Für ein historisches Schiff haben die Modeleute keinen Sinn, für sie ist es nur ein Störfaktor, der schnell beseitigt werden muss. Während die Eventmanager Pier 16 schon zur „Tommy Pier" umplanen, wird für Kaiser die Zeit knapp, denn die Fashion Week startet am 9. September.

Die Inspektion an Bord ist ernüchternd, der Zustand des Seglers wirkt bei genauer Betrachtung noch schlechter als ohnehin schon befürchtet. Zumindest ein kleines Stück muss er jetzt noch selbst schwimmen — etwa 5 Seemeilen von Manhattan nach Staten Island. Jonathan Boulware, der Direktor des South Street Seaport Museums, leitet jenes Ablegemanöver noch selbst, mit der eine 41-jährige Geschichte ihr Ende nimmt. Als sie 1975 beginnt, ist Boulware zwei Jahre alt. Für ihn wie für viele andere New Yorker seiner Generation gehört die PEKING so selbstverständlich zu Manhattan wie die nahe gelegene Brooklyn Bridge. Einige Spaziergänger, die dem Segler hinterherschauen, begreifen spätestens jetzt, dass sie im Begriff sind, etwas zu verlieren: nicht nur ein bedeutendes Zeugnis der Schifffahrtsgeschichte, sondern auch einen lieb gewonnenen Anblick und damit ein Wahrzeichen von Manhattan. Auch Boulware ist wehmütig, als die PEKING von zwei Schleppern Richtung Staten Island verholt wird, wo man sie auf der Werft Caddell Dry Dock and Repair schon erwartet. Dreimal ist der Segler in der traditionsreichen, 1903 gegründeten New Yorker Werft zu Wartungsarbeiten gewesen: 1975, 1986 und zuletzt im Jahr 2008. Diese letzte, von der Stiftung Hamburg Maritim veranlasste und bezahlte Dockung sollte Klarheit über den wirklichen Zustand der PEKING schaffen. Das Ergebnis ist traurig und macht der Stiftung klar, dass sich das Schiff nur mit sehr viel Geld retten lässt. Daraufhin verabschiedet sich die Stiftung Hamburg Maritim mehrheitlich gedanklich von der PEKING und fühlt

Huckepack über den Großen Teich: Die Peking im Dockschiff und anschließend beim Ausdocken in Brunsbüttel.

sich in der Entscheidung bestätigt, die Bleichen zu erwerben, von der klar ist, dass sie wieder fahren könnte. Auch das hat ein Zuschuss des Bundestags in Höhe von drei Millionen Euro ermöglicht. Jetzt trägt diese Entscheidung unerwartet Früchte für die Peking, denn nicht zuletzt die bei der Restaurierung und Infahrtsetzung der Bleichen gesammelten guten Erfahrungen haben dazu geführt, dass das Staatsministerium für Kultur und Medien die Stiftung mit der Projektträgerschaft betraut.

Doch das ist Vorgeschichte, nun geht es um den endgültigen Abschied von New York. In der Caddell-Werft soll die Peking für die Heimfahrt nach Deutschland fit gemacht werden. Die erste kurze Etappe der Heimkehr ist nach ein paar Stunden glücklich zu Ende gegangen, es gibt kein größeres Leck und keine seitliche Berührung mit einem der Schlepper, nun liegt der Segler in der Werft und muss vor allem entrümpelt werden. Alles, was sich in gut 40 Jahren angesammelt hat und nicht zur historischen Substanz gehört, wird entfernt. „Das muss weg, das bleibt aber

hier", die überwiegend aus der Karibik stammenden Werftarbeiter werden von Joachim Kaiser und Detlev Löll genau instruiert, denn sie selbst können ja nicht wissen, was wichtig und was überflüssig ist. Auch die in den USA nachempfundenen Rahen müssen entfernt werden, zwei Originalrahen werden an Deck mit nach Hamburg überführt, um dort restauriert zu werden. Nach drei Tagen sind alle gebrieft, ist alles geregelt, die beiden Deutschen können erst einmal wieder nach Hause fliegen.

Doch im Oktober kommen sie schon wieder, um das Schiff an seinem Liegeplatz in Staten Island zu besuchen. Diesmal hat Detlev Löll auch Ben Lodemann mitgebracht, der nicht nur Chef der Elblotsen ist, sondern auch Spezialist für schwere und schwierige Transporte. Und schwierig ist die Aufgabe allemal, denn in ihrem Zustand kann die Peking nicht mehr selbst über den Atlantik geschleppt werden. Für den notwendigen Transport in einem Dockschiff müssen die Stellen im Rumpf ausfindig gemacht werden, die belastbar sind und an denen das Schiff im Schiff fixiert werden kann, damit es während der Überfahrt stabil bleibt. Meter für Meter inspiziert Lodemann den Rumpf, prüft genau, wo Teile durchgerostet sind und wo es Stellen gibt, die man noch belasten kann. Diese markiert er und trägt sie außerdem in eine Zeichnung ein, damit sie später von der Besatzung des Dockschiffs zweifelsfrei identifiziert werden können.

Doch so weit ist es noch nicht, denn jetzt kommt erst einmal der Winter, eine Zeit, in der der Nordatlantik besonders rau ist und ein so komplizierter Transport nicht zu empfehlen wäre. Also überwintert die PEKING in New York, ein letztes Mal.

Ernst wird es ein gutes halbes Jahr später, als im Juni 2017 das Dockschiff auf dem Rückweg von Asien in New York eintrifft. Es ist die COMBI DOCK III, die Ladung bis zu 10 600 Tonnen transportieren kann. Sie hat schon schwere Maschinen, Kräne, Waggons, Lokomotiven und große Yachten transportiert, ein mehr als 100 Jahre alter Windjammer war aber noch nicht dabei. Sie ankert im Hudson River, etwa eine Seemeile von der gewaltigen Verrazzano-Narrows Bridge entfernt, die Staten Island und Brooklyn verbindet.

Wieder gehört Ben Lodemann zum deutschen Team und natürlich Vertreter der Stiftung Hamburg Maritim, die für Harren & Partner, die Bremer Reederei des Dockschiffs, der Auftraggeber ist. Die 19-köpfige Besatzung der COMBI DOCK III kommt größtenteils aus der Ukraine. Dymtro Poteshkin, der ukrainische Kapitän, hat seine seemännische Laufbahn als Kadett auf einem Segelschiff begonnen, und zwar auf der 1933 bei Blohm & Voss erbauten ehemaligen GORCH FOCK, die 1945 als Reparationsleistung in die Sowjetunion ging und dort TOWARISCH (Genosse) hieß. Heute liegt sie als GORCH FOCK I in Stralsund und wartet auf ihre Restaurierung. Für Poteshkin, aber auch für seine Besatzung ist der Transport des Flying-P-Liners kein Routineauftrag, sondern eine außergewöhnliche Aufgabe.

Manchmal muss man dabei auch improvisieren. So besorgt sich Joachim Kaiser im Baumarkt einen Sack Betonmasse, mit der er einige Lecks an der brüchigen Außenhaut provisorisch abdichtet, denn gleich muss die PEKING noch einmal schwimmen. Derweil inspiziert der schon 77 Jahre alte Schiffsingenieur Heiko Schröder von der Bremer Reederei ihren Rumpf, wobei er die Markierungen in Augenschein nimmt und schließlich den jeweiligen Bezugsspant bestimmt, der mit einem entsprechenden Spant in der COMBI DOCK III übereinstimmen muss. Schröder ist in der Branche eine Autorität, seinem Urteil kann man vertrauen.

Dann ist es so weit: An einem trüben und ziemlich verregneten Julitag wird die PEKING von zwei Schleppern auf den Hudson River gezogen, wo das Dockschiff

Großer Bahnhof für eine alte Lady: Bei der Ankunft der Peking herrscht an der Elbe Volksfeststimmung.

Zwischen beiden Schiffen liegen gleich mehrere Generationen: Begegnung mit einem Containerriesen.

schon wartet, das sich mit dem Flutstrom vom Atlantik gedreht und damit die richtige Position erreicht hat. Die COMBI DOCK III ist so weit abgesenkt, dass die PEKING, die noch 4,60 Meter Tiefgang hat, behutsam einfahren kann. Das ist ein schwieriges Manöver, da der Segler auf gar keinen Fall die Dockwand berühren darf. Platz ist eigentlich genug, die PEKING misst 14,40 Meter in der Breite, das Dockschiff innen 16 Meter, trotzdem kann es mal eng werden. Nach 90 Minuten ist es geschafft, liegt das Schiff stabil im Schiff. Alles wird erneut kontrolliert, dann kann das Wasser abgepumpt werden, sodass die PEKING trocken steht. Am Schluss kommt noch mal Besuch, Jonathan Boulware vom South Street Seaport Museum ist mit einer historischen Barkasse angereist, um Abschied zu nehmen. Und er hat etwas mitgebracht: die originale Schiffsglocke der PEKING, die nun an Bord des Kombischiffs gehievt wird. Insgesamt vier Tage dauern das Laschen und Abstützen des Seglers, für das Heiko Schröder verantwortlich zeichnet. Dann erst

kann sie losgehen, die letzte große Reise mehr als 6000 Kilometer über den Großen Teich.

Außer zwei Journalisten ist an diesem 19. Juli 2017 Joachim Kaiser der einzige Passagier, aber das ist nicht das richtige Wort. Offiziell ist Kaiser Supercargo, begleitet und kontrolliert also für den Eigentümer

Die Passage des Störsperrwerks ist Millimeterarbeit.

die Ladung. Kaiser ist quasi die Besatzung der PEKING, ihr Kapitän, wenn man so will, vielleicht aber eher ihr Beschützer. Tag für Tag inspiziert er die Bark, prüft, ob die Laschungen noch gut sitzen und ob auch sonst alles seine Richtigkeit hat. Elf Tage dauert es bei meist ruhigem Wetter, bis die COMBI DOCK III mit ihrem historischen Transportgut die Deutsche Bucht erreicht hat und der Elblotse an Bord kommt. Als das Schiff am 31. Juli 2017 die Insel Neuwerk, Hamburgs fernen Außenposten, erreicht, gibt es ein kräftiges Gewitter. Auch wenig später in Cuxhaven blitzt und donnert es, doch trotz Regens bekommt das Schiff einen Empfang, den man als „großen Bahnhof" bezeichnen kann. Viele stehen an Land, schauen, staunen und winken. Die Besatzung des Dockschiffs weiß die Lage schon richtig einzuschätzen, denn natürlich sind die vielen Menschen nur wegen des Schiffs im Schiff gekommen, das nun freudig in seiner alten Heimat begrüßt wird. Von dort geht es in die Elbe aufwärts. Vor Brunsbüttel dreht das Dockschiff, denn das letzte Stück der Reise muss die PEKING auf eigenem Kiel schwimmen. Am 2. August morgens um 5 Uhr ist das Dock abgesenkt. Die Crew des Dockschiffs und vor allem die Crew der Peters Werft kümmern sich darum, dass die Bark behutsam und ohne Schaden zu nehmen das Dockschiff verlassen kann. Ben Lodemann und Heiko Schröder sind dabei, als schließlich die letzte Leine gelöst wird, die die PEKING noch mit der COMBI DOCK III verbindet. Dann schwimmt der Flying-P-Liner erstmals seit 1932 wieder auf der Elbe, allerdings nur ein kurzes Stück, und natürlich wird er wieder von Schleppern gezogen. Kurz nach Brokdorf biegt die Bark am schleswig-holsteinischen Elbufer in das Flüsschen Stör, das in großen Bögen von Norden her mäandert. Schon bald ist Wewelsfleth erreicht, eine kleine Gemeinde mit nur etwa 1300 Einwohnern. Doch während es in Cuxhaven vielleicht ein paar Hundert Schaulustige gab, so sind hier Tausende auf den Beinen. Denn in Wewelsfleth befindet sich die Peters Werft, die den Auftrag für die Restaurierung ge-

wonnen hat. Deshalb ist das legendäre Schiff am Ziel und wird nach der großen Überfahrt für etwa drei Jahre hier zu Gast sein. Auch für Joachim Kaiser geht die Reise in Wewelsfleth zu Ende. Er kann zufrieden von Bord gehen, denn für die Stiftung Hamburg Maritim ist mit der Ankunft in der Peters Werft eine wichtige Etappe auf dem Weg zur Wiedergeburt der PEKING erfolgreich abgeschlossen.

Behutsam wird die PEKING ins Dock der Peters Werft in Wewelsfleth gezogen.

14

MAMMUTAUFGABE IN WEWELSFLETH

Restaurierung und Umbau zum Museumsschiff auf der Peters Werft

Ein weiter Himmel spannt sich über die Marschlandschaft. Wer sich der anno 1238 erstmals erwähnten Gemeinde Wewelsfleth nähert und auf der Bundesstraße 431 das Störsperrwerk überquert, entdeckt rechter Hand auf dem Werftgelände die vier bis zu 50 Meter aufragenden Masten der PEKING: Schon seit der Mitte des 18. Jahrhunderts werden hier Schiffe gebaut, zunächst vor allem Fischkutter, Ewer und Schoner. Mit Abstand größter Arbeitgeber ist heute die 1871 gegründete Peters Werft, die nach einer wechselhaften Geschichte seit der Jahrtausendwende vor allem Spezialschiffe und Megayachten baut. Es ist schon eine faustdicke Überraschung, dass weder die Emder Werft und Dock GmbH noch die ARGE Elsflether Werft und auch nicht Blohm & Voss, wo die PEKING 1911 schließlich vom Stapel lief, sondern die Peters Werft die Ausschreibung für die Restaurierung gewonnen hat. Aber so ist das nun mal im Geschäftsleben, das Angebot, das in Preis und Leistung am meisten überzeugt, erhält letztlich den Zuschlag. „Wir sind mehr als froh, mit der Peters Werft einen hoch engagierten Partner für die-

ses ambitionierte Restaurierungsvorhaben gewonnen zu haben – und wir sind uns sicher: Das Deutsche Hafenmuseum wird ein wunderbares Schiff bekommen", sagt Joachim Kaiser für die Stiftung Hamburg Maritim, fügt aber hinzu: „Wir danken auch den Mitbewerbern, die trotz guter Konzepte nicht zum Zuge gekommen

Für die Mitarbeiter der Peters Werft ist die Restaurierung der PEKING eine ganz besondere Herausforderung.

Im Dock wird festgestellt, dass der Rumpf doch nicht wie ursprünglich angenommen komplett erneuert werden muss.

Was während der etwa dreijährigen Restaurierung geleistet wurde, lassen die folgenden Bilder erahnen.

sind." Erklärtes Ziel ist es, den Zustand zwischen 1927 und 1932 möglichst weitgehend wiederherzustellen, das heißt die letzten Jahre der PEKING als kombiniertes Fracht- und Schulschiff.

Zur Verfügung stehen zunächst 26 Millionen Euro an Bundesmitteln für die Restaurierung (inklusive Rückholung), für die etwa drei Jahre veranschlagt sind. Die Zuständigkeiten sind klar: Eigentümer und Auftraggeber ist die Stiftung Hamburg Maritim, die nach der Bestandsaufnahme noch in New York ein umfangreiches Leistungsverzeichnis erarbeitet hat. Ober besser gesagt, sogar zwei: Das eine umfasst 270 Seiten und regelt die Restaurierung des Rumpfs, ein zweiter, immerhin noch 60 Seiten starker Schriftsatz

legt fest, wie genau das Rigg (Takelage) restauriert beziehungsweise saniert werden soll. Außerdem kommen noch die Restaurierung und Rekonstruktion der historischen Inneneinrichtung dazu und jene Aufgaben, die für den späteren Museumsbetrieb notwendig sind. „Technische Publikumsertüchtigung" heißt das im Fachdeutsch. Da ein Museum heute barrierefrei sein muss, erfordert das einige Eingriffe, etwa den Einbau eines gläsernen Fahrstuhls. Für den späteren Museumsbetrieb müssen außerdem unter anderem Treppen und Sanitäranlagen sowie Aufenthaltsbereiche (Sozialraum, Küche, Umkleideräume) für die Mitarbeiter eingebaut werden. Hinzu kommen ein differenziertes Beleuchtungskonzept, die Ausstattung mit

WLAN und eine Akustikanlage für Durchsagen. Alles in allem ist das eine Megaaufgabe – und zwangsläufig eine Rechnung mit vielen Unbekannten.

Vertreter der Werften, die sich beworben haben, können bei einem gemeinsamen Aufenthalt in New York mit der Stiftung Hamburg Maritim das Schiff begehen und sich ein konkretes Bild machen. Mit dabei ist auch Börries von Notz, der damalige Alleinvorstand der Stiftung Historische Museen Hamburg. Er lässt es sich nicht nehmen, schon einmal eine Fahne der Museumsstiftung am Heck anzubringen, auch wenn das nur ein Verweis auf die Zukunft ist. Denn noch gehört die PEKING der Stiftung Hamburg Maritim, die es erst nach der Sanierung und Restaurierung ihrem künftigen Eigentümer übergeben wird.

Aber das liegt alles schon Monate zurück, als die Bark am 2. August 2017 in der Peters Werft eintrifft. Dort ergibt sich ein widersprüchliches Bild, denn einerseits ist der Zustand des Schiffs erschütternd. Unter den in New York als Notlösung verlegten Spanplatten sind das Holzdeck und darunter das Stahldeck verrottet, beide sind nicht mehr zu retten und müssen komplett entfernt werden. Fast überall sind Rostschäden zu sehen. Mit einem Spezialkran werden die vier 50 Meter hohen Masten entfernt, damit sie anschließend liegend saniert werden können. Dann rücken Schlepper an und ziehen die PEKING behutsam in das überdachte Dock, wo mit den Arbeiten am Rumpf begonnen wird. Als Problem erweisen sich innen Bleimennige, ein oxydhaltiges Anstrichmittel, das extrem gesundheitsschädlich ist, sowie Asbestbeimengungen im Außenanstrich. Vor allem durch diesen unerwartet hohen Schadstoffbefall und die zusätzlichen Aufgaben zur Technischen Publikumsertüchtigung verteuern sich die Sanierungsarbeiten auf schließlich 38 Millionen Euro. Zu den Aufgaben der Werft gehören die Restaurierung und Rekonstruktion von fehlenden Ladeluken, Steuerstand, Bullaugen, Türen und Skylight sowie die Ausrüstung mit einem von außen

unsichtbaren Fahrstuhl mit Alarm- und Brandmeldeanlagen, Feuerlösch- und Lenzvorrichtungen.

Bei einer Kernbohrung des Stahlrumpfs, der im unteren Bereich mit Betonballast ausgegossen wurde, machen die Werftmitarbeiter eine spannende Entdeckung: In der steinharten Masse tauchen zwei gusseiserne Teile auf, die sich später als die Füße des Tischs aus dem Kapitänssalon entpuppen. Dass es wirkliche Fragmente des Kapitänstischs von 1911 sind, kann schließlich durch Vergleiche mit den Bohrlöchern auf dem Salonfußboden auf dem Hauptdeck nachgewiesen werden. Sie zeigen die Stellen, an denen der Tisch im Kapitänssalon fest verschraubt war. „Für uns ist das ein Glücksfund, denn wir wissen relativ wenig über die Ausstattung der historischen Räume. Anhand der Tischbeine können wir erkennen, wie das Möbelstück ausgesehen hat, und es entsprechend nachfertigen lassen", sagt Ursula Richenberger, die Projektleiterin

für das Deutsche Hafenmuseum, die die Restaurierungsarbeiten ebenfalls intensiv begleitet. Und wie kamen die Tischbeine in den Betonballast? „Als man den Tisch nicht mehr brauchte, hat man die schweren Gussteile für den damals üblichen losen Ballast verwendet, der später durch den festen Ballast aus Betonmörtel ersetzt wurde. Dabei sind die Tischbeine im Ballast geblieben", erklärt Richenberger, die es durchaus für möglich hält, dass sich im Beton noch weitere Teile der ursprünglichen Ausstattung befinden. Dort werden sie allerdings auch bleiben, weil es nicht möglich und auch nicht notwendig ist, den gesamten Ballast zu entfernen.

Es gibt überhaupt einige positive Überraschungen. Während die Experten ursprünglich davon ausgehen mussten, das Unterwasserschiff komplett zu erneuern, zeigt sich nun, dass das gar nicht nötig ist. „Wir haben mehr Schäden erwartet, finden aber eine gute Grundsubstanz vor", sagt Schiffbauingenieur Alexandre Poirier, der bis zu seinem Ausscheiden 2019 zum Projektteam der Stiftung Hamburg Maritim gehörte.

Zu den ersten Aufgaben zählt auch die Beseitigung der Einbauten, die an der ARETHUSA beim Umbau zum Wohnschiff vorgenommen worden sind. Das betrifft vor allem die Unterkünfte für die Kadetten. Mehr als 400 Bullaugen sind in England in den Rumpf geschnitten worden, sie alle müssen nun wieder entfernt werden. Allerdings werden sie nicht spurlos verschwinden, bei genauer Betrachtung wird man auch später noch an den schwach erkennbaren Schweißnähten feststellen können, wo sie platziert gewesen sind. Wie bei der denkmalgerechten Restaurierung eines historischen Bauwerks geht es den Fachleuten auch bei der PEKING nicht darum, alles wieder wie neu aussehen zu lassen. Nein, auch wenn das legendäre Schiff so weit wie möglich in seinen originalen Zustand versetzt wird, soll man erkennen, dass es eine lange Geschichte durchlebt hat.

Ortswechsel nach Hamburg: An einem eiskalten Tag im Januar 2018 steht Jochen Gnass im Schuppen 50A des Hafenmuseums an seinem Arbeitsgerät, der sogenannten Spleißbank, auf der das obere Ende einer Want der PEKING liegt. „Wir werden das Drahtseil mit neuem Segeltuch ummanteln und anschließend mit Hüsing, einem holzteergetränkten Garn, umwickeln. Kleeden nennt man diesen Arbeitsvorgang. Damit konservieren wir die Drahtseile, die dann 40 bis 50 Jahre halten können", sagt der Experte. Er ist stolz darauf, einen fast schon ausgestorbenen Handwerksberuf auszuüben. Ausgebildet werden Takler schon lange nicht mehr, umso wichtiger ist es, dass sie ihr Wissen und Können weitergeben. Für die Arbeit an der PEKING sind sie unverzichtbar, denn das Rigg soll originalgetreu rekonstruiert werden.

Von den 14 Taklerinnen und Taklern, die sich im Auftrag der Stiftung Hamburg Maritim gemeinsam mit Jochen Gnass dieser Aufgabe widmen, kommt die Hälfte aus Dänemark. Ungefähr 35 Prozent der Drahtseile der PEKING sind erhaltenswert und werden überholt. Begonnen hat die Arbeit mit dem „Stehenden Gut", den Seilen, die die Masten halten und nicht bewegt werden. Bei dem „Laufenden Gut", das anschließend restauriert wird, handelt es sich um die beweglichen Taue, mit denen zum Beispiel die Segel gehisst, gerefft

oder geborgen werden. Allein das „Stehende Gut" hat bei der PEKING eine Gesamtlänge von 4800 Meter. Auch wenn das Schiff nie wieder segeln wird, die Takelage ist nach der Restaurierung voll funktionstüchtig.

Nachdem die komplizierten Entschichtungs- und Reparaturarbeiten am Rumpf abgeschlossen sind,

kann die PEKING Anfang September 2018 das Trockendock verlassen. Nun wird sie an die Werftpier verholt, schwimmt also wieder.

In seinem roten Overall ist Joachim Kaiser, der jeden Schritt der Restaurierung begleitet, nicht zu übersehen. Er und Detlev Löll untersuchen jedes Detail, suchen nach verborgenen Schäden und diskutieren mit den Verantwortlichen der Werft stets aufs Neue die konkreten Lösungen. Von den vier Ladeluken ist nur die Luke 1 teilweise erhalten, die drei anderen werden jetzt rekonstruiert und sehen bald wieder aus wie 1911. Das eindrucksvolle Ankerspill, eine drehbare Vorrichtung zum Einholen der Ankerkette, gehört zu den wenigen Teilen, die aus der Erbauungszeit erhalten sind.

Woche für Woche kann man die Fortschritte erkennen: Nachdem das marode Stahldeck erneuert worden ist, beginnt die Montage des Holzdecks. Es wird als Kompositholzdeck ausgeführt, bei dem auf einer Korkträgerplatte Oregon-Pine-Holz verlegt wird. Die Fugen werden mit Sikaflex abgedichtet und die Nähte anschließend verschliffen, was der historischen

Für die Erneuerung der Takelage war eine fast schon vergessene Handwerkskunst wieder gefragt. Zum internationalen Taklerteam gehören auch zahlreiche Frauen.

Optik ziemlich genau entspricht. Aus heutiger Sicht eher kuriose, ursprünglich aber sehr wichtige Ausstattungsstücke sind die beiden sogenannten Schweinehocken, die auf der PEKING allerdings längst verschwunden waren. Diese kleinen Schweineställe werden in der Bauvorschrift ausdrücklich erwähnt, tauchen auf Zeichnungen auf und sind auf dem Schwesterschiff PASSAT

erhalten geblieben. Auch auf der PEKING gibt es noch bauliche Spuren und darüber hinaus genügend Anhaltspunkte, um die Schweinehocken, die im Schutz der Back angebracht sind, zu rekonstruieren. Da es Anfang des 20. Jahrhunderts auf den Segelschiffen keine Gefrierschränke gab, wurden dort Schweine gehalten. Man mästete sie mit Küchenabfällen und konnte sie bei Bedarf schlachten. „Artgerecht" war das sicher nicht, doch Joachim Kaiser relativiert schmunzelnd: „Normalerweise waren die Schweine nicht eingesperrt, sondern konnten über Deck spazieren. Und bei hohem Seegang gab es in den Hocken sogar eine automatische Spülung."

Im Juni 2019 haben die Takler und Taklerinnen ihre Arbeit im Schuppen 50A in Hamburg längst beendet. Jedes Seil besteht aus einzelnen Kardeelen (Drähten), bei Drahtseilen für die Wanten sind es sechs Stück. Alle Wanten wurden im Schuppen 50 A neu bekleedet, also aus Konservierungsgründen mit Hüsing (ein teergetränktes Garn) fest umwickelt, und anschließend nach Wewelsfleth gebracht. Nicht nur für die internationale Taklertruppe, sondern für alle Beteiligten ist es ein besonderer Moment, als die PEKING ihr Rigg zurückbekommt. Es ist allerdings auch im wörtlichen Sinn ein Drahtseilakt, denn die Takler müssen teilweise in 40 Meter Höhe die schweren Seile anbringen. Da braucht man viel Kraft, auf gar keinen Fall aber Höhenangst.

Anfang Februar 2020 sind die Taklerinnen und Takler wieder in luftiger Höhe am Werk: Diesmal montieren sie die Rahen am Mast, die der Werftkran zuvor in die richtige Position gehoben hat. Es sind insgesamt 18 Rahen, 16 davon wurden neu angefertigt, zwei sind noch original – Unterschiede lassen sich von Deck aus nicht erkennen. Erst damit ist die PEKING wieder ein kompletter Rahsegler.

Schritt für Schritt gehen die Arbeiten voran, immer in enger Absprache zwischen der Stiftung Hamburg Maritim, der Bauaufsicht, der Werft und der künftigen Eigentümerin, der Stiftung Historische

Museen Hamburg, die von der Projektleiterin Ursula Richenberger vertreten wird. Die letzte Phase der Restaurierung in Wewelsfleth im Frühjahr 2020 ist von den Auswirkungen der weltweiten Corona-Pandemie überschattet. Doch trotz gestiegener Sicherheitsanforderungen auf der Werft und der unverschuldeten Insolvenz eines Zulieferers laufen die Arbeiten weitgehend planmäßig.

Am 11. Mai 2020 ist wieder ein wichtiges Etappenziel erreicht: An diesem Tag übergibt die Stiftung Hamburg Maritim die PEKING der Stiftung Historische Museen Hamburg. „Auftrag erfüllt" heißt es nach ei-

ner langen und spannenden Zeit für den verantwortlichen Vorstand der Stiftung Hamburg Maritim, vor allem für Joachim Kaiser als Projektleiter und Markus Söhl als das kaufmännische Gewissen. Mit der Übergabe des Bauschilds der Werft Blohm & Voss aus dem Jahr 1911 an Hans-Jörg Czech, Vorstand der Stiftung Historische Museen Hamburg, und mit der Erstattung des ursprünglichen Kaufpreises von 100 US-Dollar in bar gehen Eigentum und Verantwortung für die PEKING an die städtische Stiftung über. Auch Schiffbaumeister Detlev Löll und seine Mannschaft dürfen sich über den Etappensieg freuen.

Zu dem Team, das im Frühjahr 2018 im Hafenmuseum Hamburg an der Rigg der PEKING gearbeitet hat, gehörten Taklerinnen und Takler aus Deutschland, Dänemark, Schweden, Finnland, Irland, den Niederlanden und Großbritannien. Geleitet wurde die Gruppe von Helle Jespersen (2. Reihe von oben, 3. v. l.), Georg Albinus (untere Reihe, 1. v. r.) und Jochen Gnass (unter Reihe, 3. v. r.).

Im Sommer 2020 werden in Wewelsfleth noch bauliche Maßnahmen zur Publikumsertüchtigung für den künftigen Museumsbetrieb vorgenommen. Dazu zählt u. a. der Einbau eines gläsernen Fahrstuhls.

15

BALD ZURÜCK IM HEIMATHAFEN

Die PEKING als neues Hamburger Wahrzeichen und Attraktion des künftigen Deutschen Hafenmuseums

Die Übergabe der restaurierten PEKING von der Stiftung Hamburg Maritim (SHM) an die Stiftung Historische Museen Hamburg (SHMH) am 11. Mai 2020 hat aufgrund der Corona-Pandemie nur in ganz kleinem Kreis stattfinden können. Auf einen symbolischen Händedruck haben Joachim Kaiser (SHM) und Hans-Jörg Czech, der Vorstand der SHMH, aus Sicherheitsgründen zwar verzichten müssen, der guten Stimmung hat das indes keinen Abbruch getan, denn wieder ist ein wichtiges Etappenziel erreicht.

Auch zum Pressetermin mit den wichtigsten Beteiligten und im Beisein von Hamburgs Kultursenator Carsten Brosda vier Tage später können nur wenige Journalisten vor Ort sein, obwohl das Interesse in der Öffentlichkeit natürlich groß ist. Als sie sich am 15. Mai Punkt 12 Uhr bei regnerischem und windigem Wetter an Bord versammeln, sagt Mark Dethlefs, der Geschäftsführer der Peters Werft: „Wir sind stolz, an diesem Auftrag mit historischer Bedeutung mitgewirkt zu haben, und sind bewegt von der Tatsache, dass die

PEKING auch heute noch so viele Emotionen weckt. Wir freuen uns schon darauf, gemeinsam mit anderen interessierten Besuchern die PEKING an ihrem Liegeplatz in Hamburg wiederzusehen."

Der Bundestagsabgeordnete Rüdiger Kruse, der auch im Namen seines terminlich verhinderten Kolle-

Fast fertig für die Fahrt nach Hamburg: Am 15. Mai 2020 wird die PEKING von der Stiftung Hamburg Maritim an den neuen Eigentümer, die Stiftung Historische Museen Hamburg, übergeben. Museumschef Hans-Jörg Czech hält das Werftschild in den Händen, rechts von ihm Senator Dr. Carsten Brosda, links Werft-Chef Mark Dethlefs.

Das Hafenmuseum Hamburg befindet sich im Hansahafen. In naher Zukunft wird es einer von zwei Standorten des Deutschen Hafenmuseums sein. Rechts ein Blick in den Schuppen 50a.

Museen Hamburg einen wichtigen Entwicklungsschritt, der die Aufgabenstellungen unserer Einrichtung erheblich erweitert. Ich bin mir sicher, dass die Viermastbark, für deren hervorragende Restaurierung wir der Stiftung Hamburg Maritim größten Dank schulden, ein neues Wahrzeichen Hamburgs sowie ein spektakulärer Botschafter und deutlich sichtbares Symbol für die fortschreitende Planung und Realisierung des Deutschen Hafenmuseums werden kann."

In den Sommermonaten 2020 werden in Wewelsfleth noch weitere Arbeiten an der PEKING vorgenommen, bei denen es sich vor allem um Maßnahmen im Rahmen der Publikumsertüchtigung

gen Joachim Kahrs spricht, formuliert es so: „Mit der PEKING kehrt ein Schiff nach Hamburg zurück, das nicht nur für eine Epoche der Seefahrt steht, sondern das Credo Hamburgs verkörpert: Handel treiben mit aller Welt. Seefahrt war nie Romantik. Die PEKING, in Hamburg gebaut, war modernste Transporttechnik, so wie die Schiffe und nun auch Flugzeuge, die heute in Hamburg gebaut werden. Ich bin froh, dass ich einen Beitrag leisten konnte, dieses Schiff nach Hause zu holen."

Spätestens als Joachim Kaiser das historische Werftschild der PEKING an Prof. Dr. Hans-Jörg Czech, den Direktor und Vorstand der Stiftung Historische Museen Hamburg, überreicht, ist zu spüren, dass hier ein bedeutsamer Stabwechsel vollzogen wird, der die Beteiligten sichtlich berührt. Czech sagt: „Der heutige Tag ist ein historisches Datum in der Geschichte unserer Stiftung und ein Anlass zu großer Freude. Die Übernahme der PEKING bedeutet für die Stiftung Historische

für den späteren Museumsbetrieb handelt. Inzwischen hat das Schiff auch wieder eine feste „Besatzung". Diese technische Besatzung, die sich um alle technischen Belange, aber auch um Wartung, Pflege und Instandsetzung kümmert, besteht aus einem technischen Leiter, seinem Stellvertreter und zwei Decksleuten.

Einige berühmte Segelschiffe sind weltweit für die Öffentlichkeit als Museen zugänglich. Sie werden wenn irgend möglich original erhalten, müssen aber den Erfordernissen des Publikumsverkehrs angepasst werden. Diese Schiffe sind zum Museum ihrer eigenen Geschichte geworden und vermitteln den Besuchern einen möglichst authentischen Eindruck davon. Ein prominentes Beispiel ist der englische Klipper CUTTY SARK, der nach seiner Dienststellung 1870 als eines der schnellsten Segelschiffe der Welt galt. Heute liegt der 83,35 Meter lange Dreimaster in einem eigens erbauten Trockendock im Londoner Stadtteil Greenwich. Auch die noch schwimmfähige RICKMER RICKMERS liegt als selbstständiges Museum an den Hamburger Landungsbrücken und bietet ihren Besuchern einen Einblick in den Alltag auf einem Frachtsegler. Gebaut 1896 als Dreimast-Vollschiff (später als Bark gesegelt) hat sie die Welt mehrfach umrundet, in ihrer abwechslungsreichen Geschichte auch Salpeter geladen und als Segelschulschiff gedient.

Die Viermastbark POMMERN, die 1903 in Glasgow für die Hamburger Reederei B. Wencke Söhne als MNEME erbaut wurde und erst 1906 bei der Übernahm durch F. Laeisz ihren P-Namen erhielt, befindet sich heute im finnischen Mariehamn. Das angeschlossene kleine Schifffahrtsmuseum dort ordnet sich dem eindrucksvollen Windjammer unter und konzentriert seine Darstellung auf die Geschichte der Segelschiffzeit. Aber wie kam die POMMERN ausgerechnet auf die Åland-Inseln? 1923 wurde das Schiff vom åländischen Reeder Gustaf Erikson erworben, dem letzten Großreeder, dessen Flotte nur aus Segelschiffen bestand. Zu ihr gehörte ab 1932 ein weiterer Flying-P-Liner, die

PASSAT, die er für einige Jahre in der Weizenfahrt einsetzte und die heute in Travemünde als Museumsschiff festgemacht hat.

Etwas anders verhält es sich in Yokohama, wo die 1930 als Schulschiff erbaute NIPPON MAURU als schwimmendes Objekt besichtigt werden kann. Die imposante Viermastbark ist jedoch kein eigenständiges Museum, sondern Teil des Yokohama Port Museums, das nicht nur über die Geschichte des Schulschiffs, sondern darüber hinaus über die Entwicklung des Hafens informiert. Jeder Besucher der zweitgrößten japanischen Stadt wird feststellen, dass die NIPPON MAURU ein Blickfang ist und als Wahrzeichen des Hafenmuseums viel Aufmerksamkeit auf sich zieht. Vielleicht gibt es hier eine gewisse Parallele zur PEKING, die künftig ebenfalls kein autarkes Museum, sondern Teil des Deutschen Hafenmuseums sein wird – zugleich aber mit ihrer eindrucksvollen, wahrzeichenhaften und weithin sichtbaren Gestalt Aufmerksamkeit für dieses groß angelegte Museumsprojekt generieren soll.

Die Galionsfiguren-Wand im Altonaer Museum – und rechts der Bug der PEKING, die ganz ohne Galionsfigur auskommt.

Wohin mit dem Schiff? Diese Frage stellt sich für die Stiftung Historische Museen Hamburg eigentlich schon seit dem Bundestagsbeschluss von 2015, der die Rückholung und Rettung des Flying-P-Liners erst ermöglicht hat. Und einfach zu beantworten ist sie nicht, da es eine Fülle von technischen und praktischen Gesichtspunkten zu berücksichtigen gilt.

Nach Erwägung vieler Möglichkeiten trifft der Hamburger Senat im Mai 2019 eine Entscheidung über den künftigen Standort des Deutschen Hafenmuseums. Richtiger müsste es heißen, über die Standorte, denn das neue Museumsprojekt wird sich über zwei Areale erstrecken: Einerseits wird der Schuppen 50a am Hansahafen, wo sich bereits das Hafenmuseum Hamburg mit seinem Schaudepot und mehreren schwimmenden Objekten befindet,

einbezogen und entsprechend weiterentwickelt. Hinzu kommt aber ein moderner Museumsbau auf dem Grasbrook, für den ein internationaler Architektenwettbewerb ausgeschrieben wird. Und hier wird dann auch der finale Liegeplatz der PEKING sein; allerdings erst nach Eröffnung des Deutschen Hafenmuseums, die für Ende der 2020er-Jahre geplant ist.

Zunächst soll das Schiff aber für einige Jahre am Bremer Kai im Hansahafen liegen, und zwar direkt neben dem Hafenmuseum Hamburg und in der Nachbarschaft von schwimmenden Großobjekten wie dem Dampfkrahn SAATSEE aus dem Jahr 1917 und dem Stückgutfrachter MS BLEICHEN, den die Stiftung Hamburg Maritim 2007 vor der Verschrottung gerettet, gekauft und restauriert hat. An diesem Standort wird die PEKING in Hamburg wieder sichtbar sein und in der Öffentlichkeit wahrgenommen werden.

Im Spätsommer 2020 wird die Viermast-Stahlbark endlich elbaufwärts nach Hamburg geschleppt – eine triumphale Heimkehr nach 88 Jahren. Bereits jetzt übernimmt die PEKING eine Aufgabe, die sie später am endgültigen Liegeplatz am Grasbrook in noch stärkerem Maß erfüllen wird: Sie ist ein grandioser Blickfang und zieht Aufmerksamkeit nicht nur auf sich selbst, sondern auch auf das Hafenmuseum Hamburg, das in Zukunft nicht nur im Sommerhalbjahr, sondern ganzjährig geöffnet ist.

Und zugleich ist dieser faszinierende Frachtsegler, der ein gewichtiges Kapitel der internationalen Handels- und Schifffahrtsgeschichte verkörpert, ein Botschafter des Deutschen Hafenmuseums, das schon in wenigen Jahren auf vielfältige Weise den Hafen als Knotenpunkt globaler wirtschaftlicher, gesellschaftlicher und kultureller Zusammenhänge darstellen und vermitteln wird. Dazu sagt Ursula Richenberger, Projektleiterin für den Aufbau des Deutschen Hafenmuseums: „Für mich ist die PEKING mehr als ein Schiff. Die über 3000 Tonnen Material sind eine feste Struktur, die uns im Deutschen Hafenmuseum die große Chance gibt, vielfältige und perspektivisch flexible Geschichten zur Globalisierung zu erzählen. Nicht zuletzt die Corona-Pandemie hat gezeigt, wie stark die ganze Welt über Nationengrenzen hinweg miteinander verbunden ist. Das Vermitteln, das ‚Transportieren' von Werten wie Offenheit, Diversität, Demokratie und Solidarität kann mit der PEKING gelingen. Salpeter beispielsweise steht für die Versorgung der Menschen mit Lebensmitteln, denn er wurde als Düngemittel eingesetzt. Im Heute gilt es darüber nachzudenken, wie eine Weltbevölkerung von fast acht Milliarden Menschen gut und gesund ernährt werden kann. Dies ist einer der vielen spannenden Erzählungsstränge, die mit dem Viermaster verbunden sind und die wir zukünftig im Team des Deutschen Hafenmuseums in Szene setzen wollen."

Im Altonaer Museum, das zur Stiftung Historische Museen Hamburg gehört, befindet sich ein Saal, an dessen Wand eine ganze Reihe von hölzernen Galionsfiguren angebracht ist. Als Besucher kann man hier eine Parade abnehmen und dabei grimmige Offiziere, anmutige Meerjungfrauen, barbusige Damen, aber auch den Handelsgott Merkur oder einen Adler bewundern. Opulente Galionsfiguren schmückten den Vorsteven älterer Segler und waren so etwas wie die Visitenkarte des Schiffs. Bei der PEKING sucht man eine solche Figur am Vorsteven wie überhaupt aufwendigeren Schmuck und Zierrat vergebens. Es findet sich nur eine Krull, wie die spiralförmige Verzierung, die einer Geigenschnecke ähnelt, seemännisch genannt wird. Frisch restauriert trägt die Kartusche nur zwei rote Buchstaben auf weißem Grund: F L. Es sind die Initialen des Firmengründers Ferdinand Laeisz, der einst mit Zylinderhüten zu handeln begann, bevor er Segel setzte. Warum man 1911 auf eine imposante Galionsfigur verzichtet hat? Der Reeder Nikolaus H. Schües hat dafür eine einleuchtende Erklärung: „Laeisz baut Schiffe, die immer auf dem neuesten Stand sind, und Anfang des 20. Jahrhunderts waren Galionsfiguren längst überholt."

DATEN UND ZAHLEN

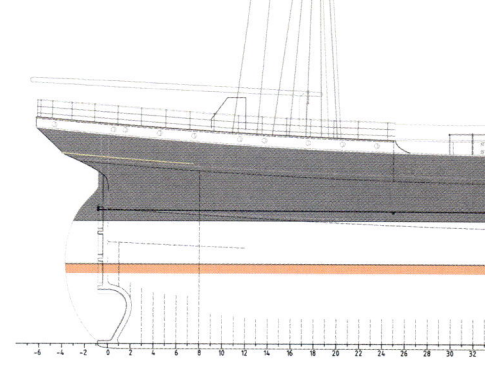

SCHIFFSTYP: Frachtsegler

AUFTRAGGEBER: F. Laeisz

WERFT: Blohm & Voss

BAUZEIT: 1909–1911

BAUKOSTEN: 680 000 Mark

STAPELLAUF: 25. Februar 1911

INDIENSTSTELLUNG: 16. Mai 1911

LÄNGE ÜBER ALLES: 115 m

BREITE: 14,40 m

TIEFGANG: maximal 7,24 m

VERDRÄNGUNG: 6280 t

TAKELUNG: Bark

MASTEN: 4

SEGEL: 32

MASTHÖHE: 51 m über Deck

SEGELFLÄCHE: 4100 Quadratmeter

GESCHWINDIGKEIT: 17 kn

TRAGFÄHIGKEIT: 4704 tdw

BESATZUNG: 31 Mann, später zusätzlich 43 Seeoffiziersanwärter

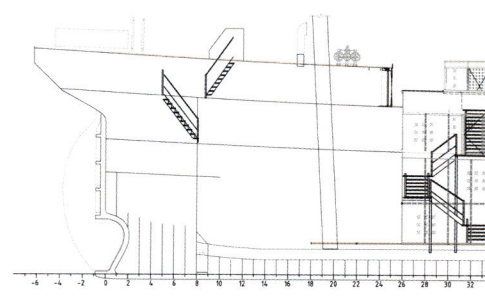

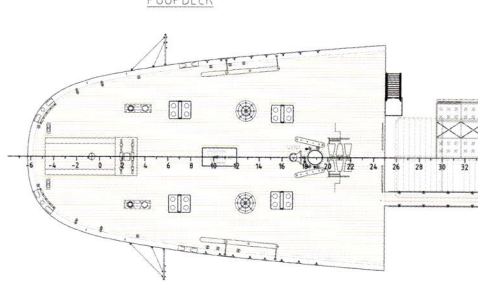

EIGNER: 1911–1921 und 1923–1932 F. Laeisz, 1932–1940 und
1945–1974 Shaftesbury Homes and Arethusa Training Ship, London,
1940–1945 Royal Navy, 1974 J. Aron Charitable Foundation,
1975–2016 South Street Seaport Museum New York, 2016–2020 Stiftung
Hamburg Maritim, seit 2020 Stiftung Historische Museen Hamburg

ÜBERFÜHRUNG VON NEW YORK NACH DEUTSCHLAND:
19.–30. Juli 2017

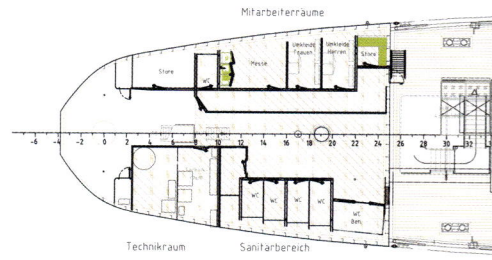

RESTAURIERUNG UND UMBAU ZUM MUSEUMSSCHIFF:
2017–2020

AUFTRAGNEHMER: Peters Werft, Wewelsfleth

Vorläufiger Liegeplatz: Bremer Kai
(direkt am Hafenmuseum Hamburg)

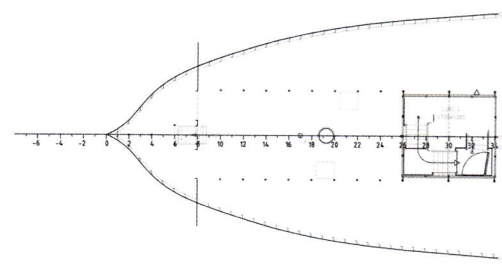

KÜNFTIGER LIEGEPLATZ: Holthusenkai (Kleiner Grasbrook,
direkt am künftigen Deutschen Hafenmuseum)

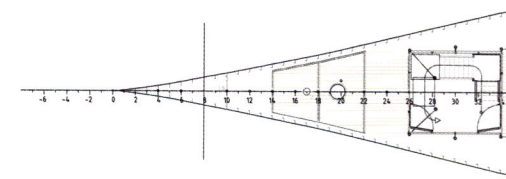

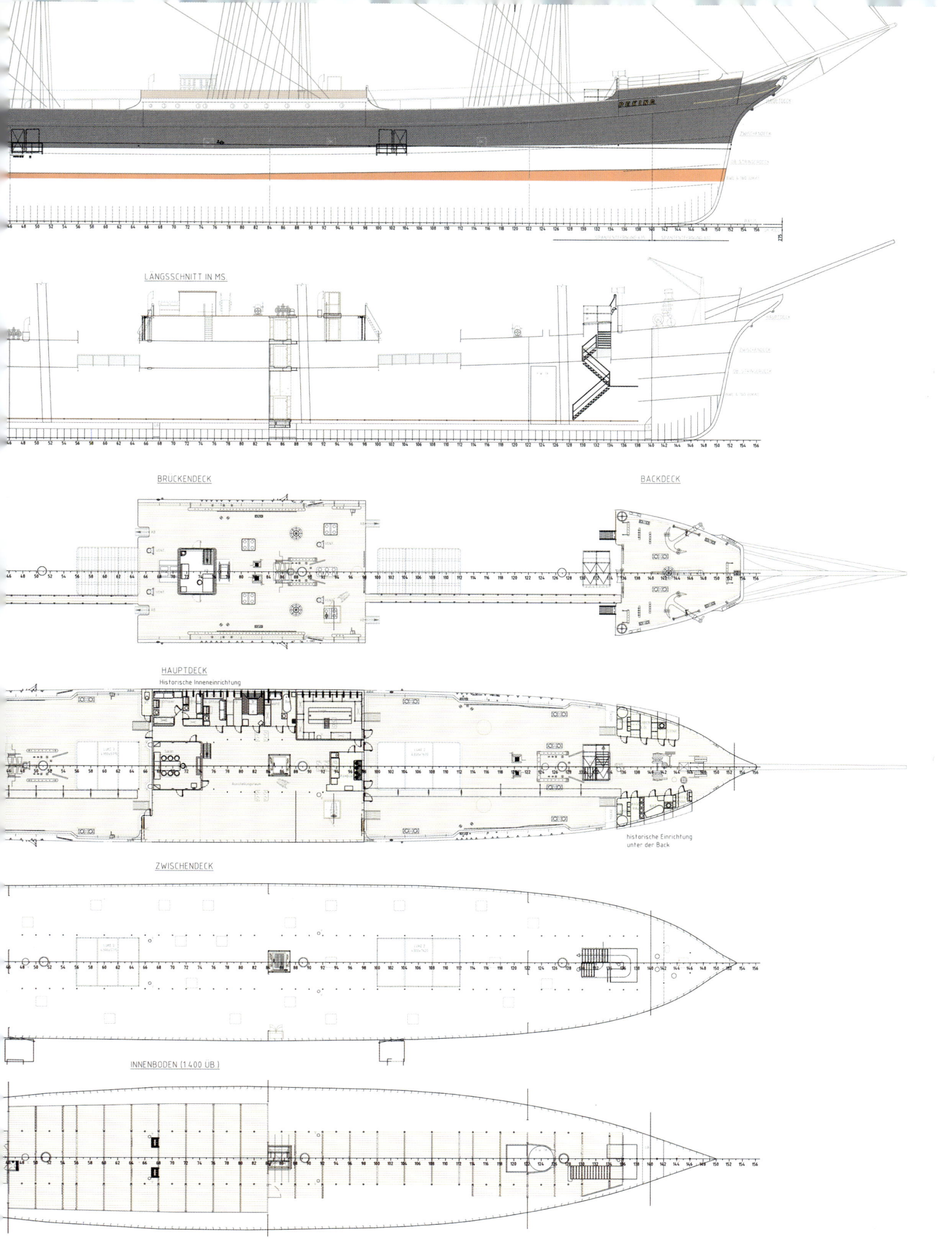

LANGSSCHNITT IN MS.

BRÜCKENDECK

BACKDECK

HAUPTDECK
Historische Inneneinrichtung

historische Einrichtung
unter der Back

ZWISCHENDECK

INNENBODEN (1.400 UB.)

16

MENSCHEN AN BORD

Persönlichkeiten, die sich für die PEKING engagieren

GERT HINNERK BEHLMER

Staatsrat a.D., Beiratsvorsitzender der Stiftung Hamburg Maritim

Seit frühester Kindheit begleiten mich Geschichten aus der Zeit der Frachtsegel-Schifffahrt. Mein Vater ist in seiner Jugend als Matrose zur See gefahren, zwar nicht auf einem der Flying-P-Liner, sondern auf der GUSTAV, bei der es sich aber ebenfalls um eine Vier-mastbark handelte. Die Geschichten, die er mir davon erzählte, haben mich fasziniert und begeistert. Später als Kapitän auf großer Fahrt wurde er in den exklusi-ven Klub der Kap Hoorniers aufgenommen. Als ich 50 Jahre danach erstmals den Film „The PEKING Battles Cape Horn" von Irving Johnson aus dem Jahr 1929 sah, waren die Erzählungen meines Vaters von seiner Kap-Hoorn-Umrundung mit der GUSTAV für mich wie-der ganz gegenwärtig. Als Kapitän des Frachters CARL FRITZEN hat mein Vater mich in den Ferien mehrfach mitgenommen. Bei einer dieser Reisen gerieten wir 1957 im Atlantik in einen schweren Sturm, ganz ähn-lich wie die PAMIR, die im September jenes Jahres dort auf so tragische Weise gesunken ist. Das hat mich tief bewegt.

Später bin ich der PEKING bei New-York-Besu-chen mehrfach begegnet und habe sie besichtigt. Bei meiner letzten New-York-Reise – das war, nachdem der Hurrikan Sandy 2012 in der Stadt gewütet hatte – war sie schon fürs Publikum gesperrt. Meine Frau hat auf

der Pier gewartet, ich bin über die Absperrung geklettert und habe das vom Zahn der Zeit angenagte und vernachlässigte Schiff auf und unter Deck durchstreift und mit meinem Handy Fotos gemacht. Ich hatte befürchtet, dass dies der endgültige Abschied sei.

Seit 2001 habe ich mich intensiv an den Bemühungen insbesondere von Reinhard Wolf um die Rückholung beteiligt. In diesem Jahr wurde die Stiftung Hamburg Maritim gegründet, deren Beiratsvorsitzender ich bis heute bin. Auch in der Stiftung, insbesondere aber in der Stadt gab es mehr Gegenwind als Zustimmung. Die drohenden Kosten schreckten.

Umso dankbarer bin ich, dass es uns gelungen ist, meinen SPD-Genossen und damaligen Bundestagsabgeordneten Johannes Kahrs für das Projekt zu gewinnen. Er hat die Abgeordneten Rüdiger Kruse von der CDU, Anja Hajduk von den Grünen und schließlich im November 2015 den ganzen Haushaltsausschuss des Bundestags überzeugt. Wenn ich jetzt die restaurierte PEKING betrachte, bin ich uneingeschränkt glücklich. Ich wünsche mir, dass in Zukunft viele Menschen dieses großartige Schiff erleben und seine Bedeutung für Hamburg kennenlernen werden.

Es wird zum Magneten für das überfällige große Deutsche Hafenmuseum werden.

DR. CARSTEN BROSDA
**Senator für Kultur und Medien
der Freien und Hansestadt Hamburg**

Jede Geschichte lebt von ihren Einzelteilen, also den Um- und Irrwegen, und nicht nur von Anfang und Ende. So wäre Homers Odyssee vermutlich nie in unsere Geschichtsbücher eingegangen, hätte der Held Odysseus Ithaka ohne den zehnjährigen Irrweg erreicht.

Auch die Geschichte der über 100 Jahre alten PEKING ist durch ihre wechselnden Namen, Besitzer und Funktionen voller interessanter Kapitel, die in die Schiffs-

haut eingeschrieben sind: Salpeterfahrten von Deutschland nach Chile, Schul- und Internatsschiff in Großbritannien unter dem Namen ARETHUSA, Museumsschiff in New York. 2017 dann zurück nach Deutschland, Brunsbüttel, kurz darauf Wewelsfleth und nun wieder zurück in die Geburtsstätte des Rahseglers: die Hansestadt Hamburg in den Stadtteil Grasbrook, der selbst eindrückliche Transformationen durchlebt. Genau diese Vielfalt an einzelnen Geschichtssträngen macht die PEKING für mich so spannend.

„Bei den Landungsbrücken raus, dieses Bild verdient Applaus", heißt es in einem Song der Hamburger Band Kettcar. Diese Ansicht teile auch ich, obgleich ich nicht in Hamburg aufgewachsen bin, sondern im Ruhrgebiet – 51°31'N, 7°6'O in Gelsenkirchen. Statt „Denn man tau" kannte man hier eher „Glückauf". Die hanse-

atische Zuneigung zu Schiffen, Kränen und Containern wurde mir nicht in die Wiege gelegt, stattdessen die Industriearchitektur, ein Interesse für internationale Bezüge sowie Beginn und Entwicklung der Industrialisierung.

Und auch diese schwingt in dem über 100 Jahre alten stählernen Bauwerk überdeutlich mit. Die Viermastbark PEKING ist mit ihrer überwältigenden Größe eine Kathedrale der Industrialisierung. Hier geht es nicht um schwärmerische Seefahrtsromantik, sondern um komplexe Hochtechnisierung des Segelns – das spricht schon aus den Fotografien, die von der PEKING erhalten sind, und erst recht aus der detaillierten Bauvorschrift. Als Teil des Deutschen Hafenmuseums lehrt uns die PEKING nicht nur viel über globale Handelsbeziehungen, sondern auch über präzise Segelschiffsarchitektur zu Beginn des 20. Jahrhunderts.

Ich erinnere mich allerdings noch sehr gut an das Wiedersehen im Sommer 2017. Da war von der prächtigen Architektur nicht mehr viel zu sehen. Die Geschichte hatte am Schiff zahlreiche Spuren hinterlassen. Ächzend und nach Restaurierung lechzend wurde der einst prächtige Flying-P-Liner hierher gebracht. Es brauchte allerhand wagemutigen Esprit, wie ihn seinerzeit auch der Reeder Ferdinand Laeisz besaß. Denn gefragt war nicht nur nostalgische Vorstellungskraft, sondern auch optimistische Veränderungsoffenheit, um aus der maroden Bark ein barrierefreies modernes und gleichwohl historisch authentisches Museumsschiff zu machen. Heute ist sicher: Der Wagemut war richtig, und die Strapazen um Rückholung und Restaurierung haben sich gelohnt!

Mit dem Festmachen am Grasbrook hat die Odyssee des Frachtseglers nun ein Ende. Eine echte Hamburgensie läuft wieder in „ihren" Hafen ein. Mit ihr wird nicht nur das Deutsche Hafenmuseum in der HafenCity optimal komplettiert, sondern auch ein Stück Stadtgeschichte, konnte doch der Hamburger Kaufmann Henry B. Sloman das Kontorhaus Chilehaus – heute Teil des UNESCO-Welterbes – nur durch den Gewinn aus dem Salpeterhandel überhaupt errichten. Mit der PEKING

schließt sich hier also der Kreis, und Hamburg erhält ein imposantes neues Wahrzeichen.

PROF. DR. HANS-JÖRG CZECH

Direktor und Vorstand der Stiftung
Historische Museen Hamburg

Wie bei vielen Menschen, so reicht auch bei mir die Faszination für die Segelschifffahrt auf die jugendliche Lektüre von einschlägigen Seehelden- und Abenteuerromanen zurück. Während des Studiums und den nachfolgenden Jahren im Beruf – fernab der deutschen Häfen und Küsten – geriet dieses Interessengebiet dann allerdings für geraume Zeit aus dem Blickfeld. Erst mit meinem Dienstantritt in Hamburg erwachte

sofort auch wieder die Begeisterung für Segelschiffe und insbesondere Großsegler.

Nicht im Entferntesten hätte ich damals allerdings geahnt, dass ich selbst einmal intensiv und hauptberuflich in die Bemühungen um die museale Bewahrung einer der bekanntesten noch existierenden Viermastbarken der Welt involviert sein würde. Ich freue mich sehr, dass es dank des fantastischen Einsatzes der Stiftung Hamburg Maritim und der Peters Werft gelungen ist, die PEKING hervorragend zu restaurieren und wieder in ihrem alten Glanz erstrahlen zu lassen. Möglich wurde das dank der Bereitstellung der Mittel durch den Deutschen Bundestag an die Bundesbeauftragte für Kultur und Medien, für die sich vor allem die Abgeordneten Johannes Kahrs und Rüdiger Kruse sowie weitere Mitglieder des Haushaltsausschusses engagiert haben. Diese besondere Unterstützung erstreckt sich auch auf die Errichtung eines Deutschen Hafenmuseums, dessen Hauptobjekt die PEKING künftig sein wird. Für dieses wichtige Projekt unter dem Dach der Stiftung Historische Museen Hamburg, das erst in einigen Jahren vollendet sein wird, ist der berühmte Flying-P-Liner ein erstes sichtbares Element und Symbol. Schon jetzt ermöglichen das Engagement und die finanzielle Unterstützung der Freien und Hansestadt Hamburg die Übernahme und den Betrieb der PEKING durch die Stiftung Historische Museen Hamburg in der Zeit nach der Verholung des Schiffes nach Hamburg. Wenn ich heute das restaurierte Schiff betrachte, kann ich die Begeisterung aus meiner Jugendzeit wieder spüren, auch wenn sich mein Blickwinkel natürlich verändert hat. Heute sehe ich in der PEKING vor allem eine ingenieurtechnische Meisterleistung und zugleich ein faszinierendes Museumsobjekt, das sogar weit über sich selbst hinausweist, weil es die weltweite Vernetzung der Hafenstädte mit ihren vielfältigen wirtschaftlichen und kulturellen Bezügen sinnfällig zum Ausdruck bringt. Wie globalisiert die Welt bereits im frühen 20. Jahrhundert gewesen ist, werden die Besucher der PEKING künftig ganz unmittelbar erfahren können.

MARK DETHLEFS
Geschäftsführender Gesellschafter der Peters Werft GmbH

Jeder Refit- oder Reparatur-Auftrag der Werft hat spezielle Herausforderungen, die wir in Zusammenarbeit mit unserem Kunden lösen. Als die Viermastbark PEKING im Sommer 2017 von New York nach Wewelsfleth gebracht wurde, war sie in einem wirklich maroden Zustand, und der besondere Anspruch dieses Auftrags an uns als Werft und an die Stiftung Hamburg Maritim als Eigentümer wurde offensichtlich.

Im Laufe der aufwendigen Sanierung der PEKING, in der einmal nicht die Fahrtüchtigkeit, sondern die Nutzung zu einem reinen Museumsschiff gewünscht war, wurde jedoch nach und nach die Schönheit dieses historischen Frachtenseglers deutlich. Wir sind stolz,

an diesem Auftrag mit historischer Bedeutung mitzu-
wirken, und sind bewegt von der Tatsache, dass die
PEKING auch heute noch so viele Emotionen weckt.

Wir freuen uns schon darauf, gemeinsam mit
anderen interessierten Besuchern die PEKING an ihrem
Liegeplatz in Hamburg wiederzusehen.

MATHIAS KAHL
Freunde der Viermastbark PEKING

Schon als kleiner Junge war ich fasziniert von großen
Segelschiffen, und an den Wänden meines Kinder-
zimmers hingen Fotos von der PEKING, der PASSAT der
PAMIR, der GROSSHERZOGIN CECILIE und weiteren. Diese
Begeisterung für die Großsegler und die Seefahrt hat
mir mein Vater, Kapitän Karl Peter Kahl, in die Wiege
gelegt; denn er fing seine Seefahrtzeit 1928 als damals
15-jähriger Junge auf der PEKING an. Er blieb drei Jahre
bis 1930 ununterbrochen an Bord und fuhr alle Reisen
unter Kpt. Jürs. Ich hatte das große Glück, an der Elbe
aufzuwachsen, und erlebte noch die aktive Zeit von
PASSAT und PAMIR. Bei unseren vielen Spaziergängen
mit meinem Vater an der Elbe berichtete er mir immer
sehr eindrucksvoll und mit ein wenig Wehmut über seine Lehrjahre als Kadett, Jungmatrose und Matrose von
den Reisen auf der PEKING.

Diese vielen Erzählungen meines Vaters sind in
mir ganz fest verwurzelt. Als ich mir dann den Film von
Capt. Irving Johnson aus dem Jahre 1929 „The PEKING
Battles Cape Horn" immer wieder ansah und ich meinen Vater in dem Film wiedererkannte, erwuchs in mir
die Ehrfurcht vor dem, was damals an Bord so eines
Seglers geleistet werden musste. In den 42 Berufsjah-
ren, die ich in der Schifffahrt tätig war, war ich geschäft-
lich häufig in New York und besuchte grundsätzlich bei
jeder Reise die PEKING – immer in Andenken an meinen früh verstorbenen Vater und immer mit dem stillen
Wunsch, dieses Schiff wieder in Hamburg zu haben.

Meine Frau war eine der letzten, die 2014 mit Sonder-
genehmigung des South Street Seaport Museums und
in Begleitung eines dortigen Mitarbeiters das Schiff
auch unter Deck besichtigen durfte. Viele unwieder-
bringliche Fotoaufnahmen entstanden während dieses
Besuches.

Ich möchte an dieser Stelle meinen besonderen Dank ausrichten an die Herren Reinhard Wolf und
Henning Schwarzkopf, die – mit fachlicher Fürsprache
und Unterstützung von Joachim Kaiser – seit 2001 mit
den Amerikanern um das völlig runtergekommene
Schiff verhandelt hatten. Ein weiterer Dank gilt den
Herren Johannes Kahrs und Rüdiger Kruse, die es 2015
ermöglicht hatten, dass eine Finanzierung der Rückholung und der Restaurierung aus dem Bundeshaushalt
zustande kam. Ohne diese Herren hätte das Schiff seine letzte Reise nicht über den Atlantik Richtung Hamburg angetreten, sondern hätte die letzte Reise in den
Hochofen gemacht.

Dass die PEKING – jetzt im Jahr 2020 – sich als
wunderschön restauriertes Leitobjekt des Deutschen

Hafenmuseums und als eine der großen Attraktionen Hamburgs präsentieren wird, ist insbesondere dem Fachwissen von Joachim Kaiser (Ex-Projektleiter PEKING und Ex-Vorstand Stiftung Hamburg Maritim) und der ausgezeichneten Arbeit des gesamten Teams der Peters Werft, Wewelsfleth, zu verdanken.

Es ist faszinierend, was für ein Schmuckstück die PEKING wieder geworden ist – insbesondere, wenn man den Zustand aus der New-York-Zeit kennt!

Ich bin verhältnismäßig früh zu dem Projekt „PEKING" gestoßen, war Gründungsmitglied des 2013 gegründeten gemeinnützigen Vereins „Freunde der Viermastbark PEKING e.V." und freue mich, seit 2015 dessen 1. Vorsitzender zu sein. Wir als Freunde der PEKING kooperieren sehr eng mit dem Eigner des Schiffes, der Stiftung Historische Museen Hamburg, und werden das Schiff an seinem Hamburger Liegeplatz betreuen in Form von täglichen Wartungsarbeiten und touristischen Führungen, und wir werden weiterhin aktiv sein, das Schiff der Öffentlichkeit vorzustellen und Spenden für anzuschaffende Objekte auf dem Schiff zu sammeln.

JOHANNES KAHRS
ehm. MdB

Ohne die eigene Geschichte zu kennen, wird man nie wissen, wo man sich befindet und wohin man will. Ich finde, wer einen Hafen betritt, sollte auch dessen Geschichte erkennen können. Für die Geschichte des Hamburger Hafens sind die Flying-P-Liner ganz wichtig. Und außerdem sind sie unglaublich schön, ich liebe diese großen Segelschiffe. Ich selbst bin ein Bremer Hanseat, mein Großvater hat in Bremen auf der AG Weser als Schlosser gearbeitet und auch genietet. Als ich die PEKING auf der Peters Werft besuchen konnte, war ich sofort begeistert von der enormen Qualität der Nietarbeiten. Vor den Menschen, die dieses Schiff kon-

struiert und gebaut haben, kann man nur Hochachtung empfinden.

Als 18-Jähriger war ich ein Jahr zum Schüleraustausch in Rockford, Illinois. Bei der Einführungswoche, die in New York stattfand, sah ich den Viermaster in Manhattan liegen. Schon damals kam es mir merkwürdig vor, dass ein Schiff mit dem Namen PEKING und Hamburg als Heimathafen ausgerechnet dort liegen muss. Über die Rückführung wurde lange geredet, allerdings ohne Ergebnis. Und dann sollte die PEKING

plötzlich verschrottet werden. Der frühere Kulturstaatsrat Gert Hinnerk Behlmer sprach mich an und machte mich darauf aufmerksam, dass jetzt Gefahr in Verzug war. Da ich Mitglied im Haushaltsausschuss des Deutschen Bundestages bin, konnte ich mich dort für die PEKING engagieren. Allerdings wusste ich auch, dass ich keine Finanzierung für ein Schiff hinbekommen würde, das nicht unter Denkmalschutz steht und sich außerdem im Ausland befindet. Deshalb griff ich die Idee eines Hafenmuseums, die damals ohnehin diskutiert wurde, wieder auf. Mir war klar, wenn wir ein Deutsches Hafenmuseum zu 100 Prozent aus Bundesmitteln finanzieren und die PEKING zu seinem ersten Ausstellungsstück erklären, dann kriegen wir das Schiff tatsächlich wieder nach Hamburg. Das Museum selbst sollte ursprünglich 55 Millionen Euro kosten, für die PEKING waren 26 Millionen veranschlagt. Da man als Politiker in solchen Situationen großzügig rechnen sollte, kam ich auf 100 Millionen Euro, fand aber, dass 120 Millionen eher nach einem ehrlichen Betrag klingen. Ich hatte allerdings die düstere Vorahnung, dass es am Ende noch kostspieliger werden könnte. Deshalb legte ich Wert darauf, dass Hafenmuseum und Schiff gegenseitig deckungsfähig sein würden. Dass wir dann noch einmal mit Bundesmitteln kräftig nachschießen mussten, lag nicht nur an der Kostensteigerung der Schiffsrestaurierung, sondern auch daran, dass das Deutsche Hafenmuseum zwei Standorte haben soll. Die Investitionskosten kommen zwar zu 100 Prozent vom Bund, trotzdem musste die Stadt das Geschenk annehmen, zumal sie ja in Zukunft für die Betriebskosten aufzukommen hat. Ich freue mich sehr, dass das alles so gut gelungen ist.

Das Lied heißt ja „Ick heff mol en Hamborger Veermaster sehn". Mit der PEKING hat Hamburg endlich wieder den berühmten Viermaster, der in dem Lied besungen wird und auf den die Stadt so lange verzichten musste. Ich bin stolz wie Bolle auf unsere PEKING und das Team, das es ermöglicht hat.

JOACHIM KAISER
Stiftung Hamburg Maritim, Projektleiter PEKING

Früh in den 1970ern hatten mich die Warburgs eingeladen in den Übersee-Club, wo uns ein damals unbekannter Ami einen alten Stummfilm vorführte und kommentierte: Irving Johnson zeigte „The PEKING Battles Cape Horn". Ich war damals noch ein „greenhorn" und maßlos beindruckt von diesem Mann, diesem Schiff.

Erst viel später erfuhr ich, dass Irving Johnson Kuratoriumsmitglied des South Street Seaport Museums gewesen war just zu der Zeit, als für die 200-Jahr-Feier der USA Millionensummen von privaten Spendern bewegt wurden. Er ist es gewesen, der im richtigen Moment die Idee aus dem Hut zauberte, die in England aufliegende PEKING anzukaufen, wieder aufzubauen und vor der Skyline Manhattans auszustellen. Wo immer jemand ins Zaudern kam – dieser krummbeinige alte Kerl mit seinem sprühenden Charme und dem sensationellen Film hat sie alle umgedreht. Auch ich habe die frisch aufgetakelte PEKING dort 1976 bestaunt, wie Tausende von Hamburgern nach mir.

2008 hatte unsere Stiftung das traurige Wrack in New York eindocken lassen, auf unsere Kosten nebenbei, denn das South Street Seaport Museum war inzwischen pleite. Als ich damals innen und außen überall herumkroch und die endlosen schweren Schäden sah, war ich entsetzt und kurz davor, die Besichtigung abzubrechen – wäre da nicht immer wieder dieser Schwarz-Weiß-Film im Kopf gelaufen von genau diesem Schiff, das sich mit der wilden See prügelt, mehr unter als über Wasser …

Seither war ich im Vorstand unserer Stiftung immer der Warner vor einer Übernahme der PEKING. Ohne einen zweistelligen Millionenbetrag im Rücken, so meine damalige Überzeugung, würde dieses Wrack uns ruinieren. Stattdessen erwarben wir den Hamburger Stückgutfrachter BLEICHEN, der annähernd so groß ist wie die PEKING, aber technisch deutlich komplizier-

ter und potenziell fahrtüchtig, anders als die PEKING. Fast zehn Jahre lang bissen wir uns die Zähne aus an seiner Restaurierung – mit vielen Sponsoren, mit ABM-Kräften, mit einer hoch motivierten Truppe Ehrenamtlicher. Wäre es nicht zu guter Letzt gelungen, die Bundestagsabgeordneten Johannes Kahrs und Rüdiger Kruse für eine Förderung zu begeistern, hätte es wohl schlecht ausgesehen für die BLEICHEN. Bei diesem Drei-Millionen-Projekt kamen mein Vorstandskollege Markus Söhl und ich erstmals mit der staatlichen Kulturförderung in Berührung, und wir entwickelten uns zu gelehrigen Schülern. 2015 konnten wir das 95 Meter lange Schiff endlich, tipptopp restauriert, von der Werft holen und später wieder in Fahrt setzen. Ich verabschiedete mich in den Ruhestand und ging einen herrlichen Sommer lang segeln auf der Ostsee.

Kaum zurück in Hamburg, wurde unserer Stiftung und mir Anfang 2016 die Restaurierung der PEKING angetragen. Hintergrund war, dass die Fördermittelgeber in Bonn und Berlin unser entschlossenes Agieren und das Gelingen des Projekts BLEICHEN genau beobachtet hatten. Ebenso die Hamburger Kulturbehörde und auch das Kuratorium unserer Stiftung, alle umgarnten uns nun in Sachen PEKING. Was mich durchaus nicht kalt ließ, aber ich haderte erstmal eine ganze Weile, schon wegen der ganzen Vorgeschichte. Und ich hatte schon so eine dumpfe Ahnung, was da auf mich zurollte … Irgendwann musste ich mir eingestehen, dass ich in Gedanken schon permanent an diesem maladen Schiff herumreparierte, längst hatte die PEKING schleichend von mir Besitz ergriffen. Schließlich waren meine Abwehrkräfte so weit aufgebraucht, dass ich aufstand und sagte: O.K., ich mach's!

Wenn Großprojekte, gerade solche, die anfangs keiner haben wollte, zu guter Letzt in einem Erfolg enden, ist es immer wieder erstaunlich, wie viele Menschen dann die Urheberschaft für sich reklamieren (ich nicht, siehe oben). Wovon ich überzeugt bin: Auch wenn er schon seit 1991 tot ist – ohne Irving Johnson und seinen Film hätte die PEKING höchstwahrscheinlich nicht überlebt, für mich ist und bleibt er ihr eigentlicher Retter!

RÜDIGER KRUSE
MdB

Heute die modernen Containerschiffe, die mehr als 20 000 TEU Fracht transportieren, und gestern die PEKING, eine Viermast-Stahlbark und berühmter Flying-P-Liner als eines der größten Handelsschiffe der damaligen Welt. Zu ihrer Zeit jeweils die Größten – das vereint moderne Schiffe mit der PEKING.

Seefahrt ist nur rückblickend romantisch. Heute, wie in den vergangenen Jahrhunderten, ist Seefahrt ein harter und fordernder Beruf. Aufgabe der PEKING als Museumsschiff wird es sein, die damalige Lebenswirklichkeit sichtbar zu machen.

Die PEKING ist schwimmendes Symbol des Welthandels und wird das Flaggschiff des Deutschen Hafenmuseums sein.

Jede Generation ist aufgerufen, Neues zu schaffen und das Erbe zu bewahren. Deshalb war es mir wichtig, die PEKING als maritimes Erbe zu erhalten. Für

mich ist sie krönender Abschluss der Segelschiffepoche – bis auf Weiteres. Vielleicht wird die nächste Generation schon neue Handelsschiffe vom Wind getrieben über die Meere segeln lassen.

DETLEV LÖLL
Detlev Löll Ingenieurbüro GmbH

Ich habe 1978 bei Blohm & Voss in Hamburg das Schiffbauerhandwerk erlernt, der Bauwerft der PEKING. Schmieden und nieten war während der Ausbildung noch Thema, kam aber in der Praxis nicht mehr vor. Seit meiner Jugendzeit bin ich auf dem Wasser, zuerst im Ruderverein, später als Kajakfahrer und Segler. Highlights waren für mich die Reisen mit Arved Fuchs in die Arktis und mit dem Dreimaster THOR HEYERDAHL über den Atlantik. Da stand 1987 für mich der Entschluss fest, Großsegler will ich bauen …

die Moshulu, die Sea Cloud, die Gorch Forck vor Ort intensiv studiert. So wurden die Schiffe mit wachsender Expertise immer größer und die Nachfrage stieg. Heute sind wir eine von nur drei Firmen in Europa, die Großsegler entwerfen, konstruieren und deren Takelagen bauen können.

Mit der ständigen Beschäftigung mit den alten Handwerkstechniken kam natürlich auch ein Hang zur Arbeit mit solchen Schiffen hinzu. So waren wir inzwischen verantwortliche Bauaufsicht für die Rekonstruktion der Krupp'schen Rennyacht Germania, des Frachters Bleichen, der Bark Rickmer Rickmers und konnten auch das Rennen für die Peking machen. Das erste Gutachten, die Bauspezifikation und alle Entwurfszeichnungen sind von uns. Für die Bauaufsicht auf der Peking haben wir eine ARGE mit dem Hamburger Büro Technolog Services GmbH gebildet.

Mich faszinieren die Größe und Kraft der großen Rahsegler, die mit purer Muskelkraft gebaut und gefahren wurden und werden. Ich bin immer wieder aufs Neue begeistert, wenn ich als Segelkapitän einen über 100 Meter langen und tausende Tonnen schweren Segler mit nur 20 bis 30 Leuten an Deck nur mit dem Wind in Bewegung setzen kann, er dahin fährt, wo ich hinmöchte, und das noch beeindruckend schnell. Wenn so ein Schiff unter dem Winddruck krängt, anfängt Fahrt aufzunehmen und irgendwann die Gischt an Deck springt, dann ist das für mich die Erfüllung aller Träume.

Der Peking ist das leider verwehrt. Mit nahezu gleichem Aufwand hätten wir sie auch segelfähig machen können, aber so kann sie als bis ins Detail rekonstruiertes Zeugnis der Schiffbaukunst des Anfangs des 20. Jahrhunderts Zeugnis ablegen, was Menschen nur mit Bleistift und Papier planen und mit Muskelkraft und nur wenigen Maschinen bauen und fahren konnten. Ich hoffe sehr, dass dieses Museumsschiff nicht wie viele andere irgendwann durch eine Gaststätte verschandelt wird.

Nun, das ist ja nicht so einfach, keiner wollte so etwas haben. Zu Hilfe kam mir die Wiedervereinigung mit den notwendigen Umstrukturierungen der Ost-Werften. So konnte ich ein 250-Mitarbeiter-Arbeitsbeschaffung-Projekt in Wolgast initiieren und dort drei Großsegler planen und bauen (zunächst einmal Umbauten aus Frachtern und einem Tanker). Mit diesen, der Fridtjof Nansen, Roald Amundsen und Nobile, fing es an. 1994 kommerzialisierte ich das Ganze und es folgten die Takelagen der Barkentine, Lili Marleen, die Barken Sea Cloud II und Gorch Forck, Vollschiff Cisne Branco und viele andere. Schon früh habe ich mir überall auf der Welt die noch fahrenden Großsegler intensiv angesehen, vielfach als inzwischen vom Lloyd's Register und DNV GL anerkannter Gutachter, und habe dabei sehr viel gelernt. „Mit den Augen klauen" hat das mein Großvater, ein knorriger Hamburger Malermeister, genannt. Natürlich habe ich die Peking, die Pommern,

Aber wir sind zeitgleich schon mit den nächsten Schiffen beschäftigt: Seute Deern, Greif, Elbe 3 und andere.

Vielleicht bin ich zu sehr Schiffbauer und zu wenig Romantiker, sicher aber liegt das daran, dass ich den Traum lebe, den ich mal hatte.

BEN LODEMANN
Ältermann Lotsenbrüderschaft Elbe

Die Peking bildet als frachtgehender Segler den Abschluss einer langen Entwicklung, die viele Generationen geprägt hat. Es ist faszinierend und auch erschreckend, wie eine immer weiter reduzierte Mannschaft dieses Schiff betreiben konnte. Ich habe als Kapitän viele Traditionsschiffe gefahren, fahre heute noch Rahsegler und empfinde geradezu Ehrfurcht vor denen, die die Peking damals gefahren haben, noch dazu in schwierigen Seegebieten.

Sie ist ein Hightech-Produkt des frühen 20. Jahrhunderts, dessen Mannschaften eine unglaubliche Leistung gezeigt haben. Unter anderem waren dazu Fähigkeiten notwendig, die neben der enormen physischen Anstrengung und Belastung zweierlei voraussetzten: kühle Berechnung und ein enormes Erfahrungswissen. Es ging um Astronomie, Navigation, um genaue Beobachtung, um das Wissen über Strömungsverhältnisse und Wolkenbildung, aber auch um ein sicheres Bauchgefühl.

In der Vorbereitung der Überführung habe ich die Peking erstmals im South Street Seaport Museum gesehen. In Staten Island wurde sie mit mei-

ner Hilfe auf die Überführung vorbereitet. Der Zustand war schon fraglich. Ich zog die Analogie zu Bäumen: Ob man anhand des vielschichtigen Blattrostes analog zu Jahresringen errechnen könnte, wie lange sie dort gelegen hat? Das Schiff sah spannend aus, auch wenn man seine Großartigkeit noch spüren konnte. Die Überführung war technisch eine echte Herausforderung, auch wenn es glücklicherweise keine echten Probleme gab. In New York konnte ich die Peking in das Dockschiff Combi Dock III einschwimmen und in Brunsbüttel wieder ausschwimmen. Die Organisation des Transports war in meiner Zuständigkeit. Zusammen mit der Crew von Harren & Partner wurde ein Laschkonzept erstellt und umgesetzt. Das hat alles sehr gut funktioniert. In Wewelsfleth übernahm die Peters Werft unter der Bauaufsicht von Löll & Partner, ich habe die Restaurierung aber trotzdem mit großem Interesse verfolgt.

Wenn ich die Chance bekäme, als Kapitän mit diesem Schiff und einer guten Mannschaft die nächsten Jahre über die Weltmeere zu segeln, würde ich das sofort tun. Der Rumpf und die Takelage sind in einem funktionsfähigen Zustand, möglich wäre es! Irgendwie stimmt es mich schon traurig, dass ein so großartiges Schiff zu fast 99,5 Prozent wieder in seinen ursprünglichen Zustand versetzt wird – und nun nicht die Ozeane bereisen kann. Nur: Das war nicht das Ziel der Aktion, denn die Rettung der PEKING wurde möglich, weil sie künftig als Museumsobjekt dienen soll. Und durch Einbauten für die „Publikumsertüchtigung" ist sie im jetzigen Bauzustand auch nicht seetüchtig.

Ich finde mich also damit ab und bin begeistert, dass die PEKING jetzt in einem so traumhaften Zustand ist. Auch in Zukunft werde ich immer mal wieder vorbeischauen und dieses Schiff bestimmt nicht aus dem Blick verlieren.

LAURA LÜHNENSCHLOSS
Taklerin

Ich kann mich noch sehr gut an den Tag im Sommer 2017 erinnern, an dem ich das erste Mal das marode Deck der PEKING betrat, nachdem sie nach Wewelsfleth geschleppt worden war. Zuvor hatte ich diverse Fotos der „alten Dame" gesehen, und auch ihre Geschichte war mir mehr oder weniger bekannt, da meine große Leidenschaft traditionell getakelte Großsegler sind. Als ich dann aber das von Löchern übersäte Hauptdeck betrat und neben mir der ohrenbetäubende Lärm einer 20 Mann starken ungarischen Truppe erscholl, die mit Presslufthämmern die alten Wassergänge und andere Betonelemente unter Deck zertrümmerte, dachte ich: „Oh shit!" Nach Feierabend sah ich mir das Schiff in Ruhe an, durchwanderte alle Decks und spürte seine besondere Atmosphäre mit allen Sinnen. Der modrige Geruch, die Feuchtigkeit und Dunkelheit im Laderaum,

irgendwie erinnerte es mich an eine Tropfsteinhöhle. Ich entdeckte eine Art Stallung, fast 50 Zentimeter dicke Betonwände bildeten eine Box für Stückgut, für Vieh- oder als kleine Tageszelle, um widerspenstige englische Jugendliche zu züchtigen? Ich war beeindruckt!

Nie zuvor bin ich auf einem Segelschiff mit solchen Dimensionen gewesen, und meine Vorahnung, welche Kräfte auf Rumpf und Takelage zum Beispiel während einer „Cape Horn"-Umrundung einwirkten, schüchterte mich etwas ein. Bevor ich professionell in das Takelhandwerk einstieg, fuhr ich auf diversen Großseglern bis 52 Meter Länge. Angefangen als Deckshand, über Wachführerin bis zur Bootsfrau und später mit Papieren auch als Steuerfrau zur See, meist auf Jugend- und Ausbildungsreisen. Was mich damals am meisten reizte und mich am stärksten mit Mannschaft und Schiff verband, war das Leben von Seemannschaft, guter Seemannschaft! Wie jeder PEKING-Fan habe auch ich Irving Johnsons einzigartigen Dokumentarfilm aus dem Jahr 1929 dutzende Male angesehen, um eine grobe Vorstellung zu bekommen, was da früher „so abging"! Meiner Meinung nach ist die Seemannschaft, welche die Jungs dort zeigen, absolut großartig und unübertrefflich! Sie lachten ebenso gemeinsam, wie sie Strapazen zusammen meisterten, und vor allem sieht man eines deutlich: Sie sind stolz auf ihr Schiff!

Auch wenn mir damals die PEKING unter Deck weder Stolz noch Anmut entgegenbrachte, sondern vielmehr Dreck, Lärm und Wasserpfützen, so war mir zu dem Zeitpunkt trotzdem eines klar: Obwohl dieses Schiff so gut wie keine materielle Substanz mehr hat, hält die PEKING trotzdem etwas zusammen, und zwar ihre unglaublichen Werte! Am meisten verbindet mich mit der PEKING, dass ich, im Gegensatz zu Takelarbeiten an einem Neubau, während der Restaurierung ihre Werte spüren konnte. Und ihre Dankbarkeit dafür, dass wir sie wieder aufbauen.

Ich bin glücklich, dass ich auch in Zukunft an Bord bleiben kann, denn seit Juli 2020 bin ich die stellvertretende technische Leiterin der PEKING. Mir geht es darum, dieses Schiff weiterhin lebendig zu halten. Ich bin Taklerin und übe ein Handwerk aus, für das es in Deutschland leider keine Ausbildung mehr gibt. Deshalb möchte ich die PEKING auch als einen Ort nutzen, an dem junge interessierte Menschen und Ehrenamtliche in Form von Workshops wieder damit vertraut gemacht werden. Nach meiner Vorstellung sollte die PEKING in Zukunft als lebendiges Museum auch eine Bildungsstätte sein.

BÖRRIES VON NOTZ
Stiftung Nantesbuch GmbH, Geschäftsführer (Sprecher)

Die PEKING fasziniert in vielerlei Hinsicht. Da denke ich zunächst an die Größe, sie ist ein gewaltiges Schiff und kann selbst nach heutigen Maßstäben beeindrucken. Hinzu kommt das Alter von mehr als 100 Jahren, das uns staunen lässt. Und wenn man sich vorstellt, was Seeleute auf einem solchen Flying-P-Liner geleistet haben und welchen Gefahren sie sich aussetzen mussten, nötigt das großen Respekt ab und fasziniert uns zugleich. Man denkt an den Untergang der Viermastbark PAMIR, bei dem 1957 so viele junge Menschen ums Leben gekommen sind, ein für die junge Bundesrepublik traumatisches Ereignis.

Aber die PEKING fasziniert auch hinsichtlich ihrer Technik. In einer Zeit, in der die Maschinenkraft schon voll etabliert war, wird ein Schiff erbaut und mit großem Erfolg betrieben, welches sich allein auf Windkraft stützt und auf die am höchsten entwickelte Form einer an sich uralten Technik. Die PEKING steht einerseits für den Gipfel im Segelschiffbau und hat zugleich bewiesen, dass man mit dieser Technologie Anfang des 20. Jahrhunderts unter bestimmten Umständen absolut konkurrenzfähig sein konnte.

Als ich die PEKING 2016 in meiner damaligen Funktion als Alleinvorstand der Stiftung Historische Museen Hamburg in Staten Island besuchte, war das für mich fast eine Art „Erweckungserlebnis", ganz sicher aber ein besonderer Moment: Ich betrat das damals sehr marode Schiff, brachte dort die Fahne der

Historischen Museen Hamburg an und konnte bereits spüren, welche enorme sinnliche Erfahrung der Besuch dieses Schiffes später mit sich bringen wird.

Dass die Überführung nach Deutschland und die Restaurierung gelingen würden, daran hatte ich keine Zweifel. Sorgen gemacht hat mir eher die Frage, ob die Kosten dieses großen Projekts am Ende noch beherrschbar sein würden.

Eigentlich hätte ich dieses wunderbare Schiff gern wieder fahrtüchtig und unter Segeln gesehen, musste dann aber einsehen, dass das aus plausiblen Gründen unmöglich ist. In dem berühmten PEKING-Film von Irving Johnson und auch in den historischen Berichten heißt es immer wieder, dass man den Druck des Windes auf der Takelage, also wie aus Wind Fortbewegung entsteht, ganz unmittelbar spüren kann. Ich glaube, dass sich das den Besuchern, die künftig die prachtvoll restaurierte PEKING betreten werden, sogar ohne Segel und ohne Fahrt sinnlich mitteilen wird.

NIKLAS PFAFF
Peters Werft, Projektleiter

Es klingt vielleicht ein bisschen romantisch, aber beeindruckt haben mich von vornherein das Alter und die Ehrwürdigkeit dieses Schiffes. Drei Jahre sind eine lange Zeit, in der sich zwangsläufig eine besondere Verbindung ergibt. Wir haben uns ja schon einige Monate vorher mit der PEKING beschäftigt, einige meiner Kollegen konnten sie noch in New York besuchen, um sie zu inspizieren und danach die Kalkulationen für das Angebot zu erstellen. Anschließend ging es darum, ein Konzept für die Restaurierung zu erarbeiten. Als ich die PEKING im August 2017 in Brunsbüttel auf dem Dockschiff zum ersten Mal sah, war sie mir zumindest schon teilweise bekannt. Ich wusste durch die Berichte der Kollegen und deren Fotos und Videos, dass der Zustand ziemlich schlecht war. Doch das spielte für mich an diesem ersten Tag keine große Rolle, weil zwangsläufig erst einmal andere Dinge im Vordergrund stehen mussten. Ist der Rumpf dicht? Bekommen wir eine Schwimmfähigkeits- und Verschleppfähigkeitsgenehmigung? Und können wir den Zeitplan einhalten?

Als die letzte Leine vom Dockschiff gelöst war, übernahmen wir die Verantwortung für die PEKING. Von da an erlebten meine Kollegen und ich eine spannende Zeit, die nicht immer frei von Komplikationen gewesen ist. Technisch findet man immer eine Lösung, schwieriger waren die politischen Fragen. Im Kern ging es darum, ob und in welcher Weise der vorher nicht absehbare Mehraufwand finanziert werden kann. Das hat mir manche schlaflose Nacht beschert, umso erleichterter bin ich, dass am Ende eine gute Lösung gefunden wurde.

Im Werftalltag ging es darum, technische Aufgaben zu lösen, da spielen Gefühle keine Rolle. Aber es gab eben auch diese besonderen Momente, wenn ich spät am Abend oder an einem Samstagnachmittag ganz allein an Bord war, dann konnte ich etwas von der Geschichte spüren. Auch wenn ich Führungen gemacht habe, um Gästen das Schiff zu erklären und ihnen diesen besonderen Spirit zu vermitteln, dann hat er mich auch immer selbst erfasst. Ich erwähnte gern den Film von Irving Johnson und erklärte den Besuchern: „Wo wir jetzt stehen, konnten sich die Seeleute meist gar nicht aufhalten, denn da stand bei jeder Welle grünes Wasser an Deck. Deshalb gab es diese erhöhten Laufgänge." Ich habe großen Respekt vor den Seeleuten und auch vor denen, die das Schiff 1911 gebaut haben. Das spürte ich zum Beispiel, als wir mit den Riggern und unter Zuhilfenahme unseres Werftkrans, der sich mit modernster Technik millimetergenau bewegen lässt, eine der viereinhalb Tonnen schweren Rahen hochhievten und in den Mast einhängten. Dann stellte ich mir vor, dass die Kollegen das vor 100 Jahren mit Seilzügen und Muskelkraft gemacht haben …

Wenn ich jetzt vor der PEKING stehe und mich daran erinnere, wie es im August 2017 um sie bestellt war, dann spüre ich schon so etwas wie Stolz, weniger auf meine eigene Leistung, sondern auf das, was uns als Team auf der Werft gemeinsam mit allen Partnern und Beteiligten gelungen ist. Sicher wird es ein merkwürdiges Gefühl sein, wenn wir das Schiff nach Hamburg entlassen. Dafür muss die PEKING erst einmal gedreht werden, was nicht einfach ist, dann geht es darum, das Nadelöhr des Störsperrwerks zu passieren, bevor dann die letzte Fahrt auf der Elbe beginnt. Zumindest wissen wir, dass sie dann viel besser schwimmen wird. Wenn wir nach Hamburg einfahren, an Bord stehen und die vielen Menschen am Elbufer sehen, auf diesen Augenblick freue ich mich. Das ist dann der Moment, an dem wir wohl Glück empfinden werden und Stolz auf das, was uns gemeinsam gelungen ist.

JÖRG POLLMANN

Hamburg Port Authority

Sowohl mütterlicherseits als auch väterlicherseits komme ich aus einer Seefahrerfamilie. Daher ist es nicht verwunderlich, dass auch mich dieses Seefahrts-Gen erwischt hat. Als Kind habe ich die Hornblower-Bücher gelesen, später dann auch Bücher über Großsegler wie die Flying-P-Liner. Allerdings ging es mir nicht primär um die Segelschiffe, sondern um die Seefahrt insgesamt.

Ich bin dann beruflich in der Schifffahrt gelandet und nun seit über 25 Jahren als Hafenkapitän in der Hafenverwaltung tätig. In der Ausbildung fuhr ich auf Stückgutschiffen, Multi-Purpose-Schiffen und Containerschiffen und war später in leitenden Positionen in Stauerei- und Kaibetrieben tätig. Da waren Segelschiffe eigentlich kein Thema. Bei einem Senatsempfang lernte ich einmal die deutschen und die dänischen Kap

Hoorniers kennen. In den Gesprächen mit den in Ehren ergrauten Herren hat mich am meisten beeindruckt, dass sie keine Romantiker waren, sondern die Segelfahrten als eine Phase ihres Berufslebens betrachteten. Die legendären Fahrten ums Kap Hoorn waren für sie zwar eine interessante und wichtige Erfahrung, aber selbstverständlich gingen sie mit der Zeit und sind dann auf die neuen Dampfschiffe umgestiegen.

Als ich in die Hafenverwaltung kam, begegnete ich wieder Seglern, was vor allem an den maritimen Großveranstaltungen lag. Da kamen auch große Segelschiffe in den Hafen, die ich an Bord unmittelbar kennenlernte. Ich interessierte mich für deren Funktionsweise und Technik, die Vorstellung, wie solche großen Schiffe nur mit der Windkraft über die Meere fuhren, hat mich enorm fasziniert.

Als ich mit meiner Frau Anfang der 2000er-Jahre für ein paar Tage in New York war, habe ich mir die PEKING zum ersten Mal angeschaut. Für mich gehörte der PEKING-Besuch genauso zu New York wie der Einkaufsbummel auf der Fifth Avenue. Damals war die PEKING allerdings in einem bedauernswerten Zustand, und man konnte sich überhaupt nicht vorstellen, dass sie jemals wieder nach Hamburg kommen könnte. Als dann später die Idee aufkam, fand ich sie gut und habe sie auch im Rahmen meiner Möglichkeiten nach Kräften unterstützt.

Das es jetzt dazu gekommen ist, finde ich großartig. Inzwischen geht es schon wieder um praktische Dinge, etwa die Frage nach dem konkreten Zwischenliegeplatz und dem endgültigen Liegeplatz. Dazu sind wir sowohl mit der Stiftung Historische Museen Hamburg als auch mit der Kulturbehörde im permanenten Austausch. Für mich ist es eine großartige Sache, dass dieses Schiff im August tatsächlich wieder nach Hamburg kommt. Wenn die heutige PEKING mit der vergleiche, die ich in New York gesehen habe, muss ich sagen: In New York lag ein hässliches Entlein, heute ist sie ein stolzer weißer Schwan, dazwischen liegen Welten.

Künftig wird die Peking neben der Rickmer Rickmers, der Cap San Diego und den anderen historischen Schiffen vom maritimen Erbe künden, aber zugleich ähnlich wie die Elbphilharmonie als absolutes Leuchtturmprojekt ein weiteres Wahrzeichen für Hamburg sein.

HELMUT RADEBOLD
Schiffsbauingenieur, Technolog Services GmbH, Hamburg

Besonders begeistert mich die Niettechnik. Die Peking ist in der Hochzeit der schiffbaulichen Nietkonstruktion entstanden. Da ich für die Planung und Bauaufsicht von Rumpf und Struktur verantwortlich zeichne, bin ich natürlich mehr auf den Rumpf fokussiert. Da fiel mir sofort ins Auge, wie hervorragend die Nietkonstruktion hier ausgeführt wurde. Man kann nur Hochachtung vor den Leuten haben, die sich das vor mehr als 100 Jahren ausgedacht und dann auch mit ihren damaligen Mitteln noch so perfekt umgesetzt haben. Diese Niettechnik war Anfang des 20. Jahrhunderts ausgereizt, besser ging es nicht. Man kann das mit der Dampfmaschine vergleichen, die irgendwann auch nicht mehr verbessert werden konnte, bevor dann der Dieselmotor kam.

Und mich begeistert auch, dass sich bei der Peking noch so vieles original erhalten hat. Der Rumpf wurde strukturell nicht umgebaut, es wurden keine Schotten eingefügt. Ich kenne kein anderes historisches Segelschiff, welches so wenig verändert und umgebaut worden ist. Aber faszinierend finde ich natürlich besonders die Vorstellung, dass eine perfekt eingespielte Mannschaft mit diesem Giganten die schwierigsten Gewässer der Welt befahren hat.

Als Profi, der aus dem kommerziellen Schiffbau kommt, war es für mich eine besondere Erfahrung, ein solches Projekt durchzuziehen. Die Peking ist einerseits ein professionelles Vorhaben wie andere auch, sonst hätten wir es nicht so erfolgreich bewältigen können.

Darüber hinaus gab es aber immer ein persönliches Engagement und ein Interesse, das weit über das rein Berufliche hinausging.

Ich habe die Peking 2016 in New York kennengelernt, war unzählige Male an Bord, kenne jedes Niet und bin seit Jahren mit diesem Schiff eng verbunden. Das betrifft nicht nur den Geist und die Geschichte des Schiffes, sondern eben auch die Restaurierung, an der nur Menschen mitwirkten, die keinen 08/15-Job daraus gemacht haben. Jeder – vom Lieferanten bis zum Ingenieur – hat sich mit der Aufgabe identifiziert und war stolz darauf, auf seine Weise und mit seinen Möglichkeiten dazu beizutragen. So etwas erlebt man nicht alle Tage.

Jetzt wo das Schiff fertig ist, setzt zwangsläufig so etwas wie Entfremdung ein, man spürt eine Art Trennungsschmerz. Trotzdem werde ich die Peking auch in Hamburg nicht aus dem Blick verlieren, und vielleicht kann ich ihr ja auch beruflich verbunden bleiben.

URSULA RICHENBERGER

Projektleiterin Deutsches Hafenmuseum

Die PEKING ist für mich mehr als ein Schiff, sie ist als Segelfrachtschiff eine ingenieurtechnische Meisterleistung. Zugleich zeigt sie uns mit ihrer Funktion und Geschichte, wie die Welt zusammenwachsen kann. Auch heute werden über 90 Prozent aller Handelsgüter weltweit auf dem Wasserweg transportiert. Mit einem Objekt dieser Größenordnung und einer solchen Ästhetik diese Zusammenhänge erklären zu können, ist für mich ein großes Geschenk. Ich möchte gern, dass dieses Schiff zukünftigen Generationen zu verstehen hilft, wie wichtig das Grenzen überwindende Mit-

einander von Menschen ist. Dabei geht es nicht nur um wirtschaftliche Verbindungen, sondern auch um kulturellen und sozialen Austausch. Die Technik der PEKING fasziniert mich, weil sie zwar hochentwickelt ist, sich aber verstehen lässt. Man kann die technischen Zusammenhänge den Besuchern beinahe wie in der „Sendung mit der Maus" verständlich machen. Es gab keine Maschine an Bord, es wurde mit Windkraft gearbeitet, man musste verstehen, wie man bei den verschiedenen Wetterverhältnissen Segel setzt, um dem Wind die größtmögliche Angriffsfläche zu bieten. Es sind also natürliche Phänomene, die dafür sorgen, dass dieses technische Großgerät funktioniert. Interessant finde ich auch die Frage, wie man Laderaum

so effizient wie möglich ausnutzen kann und wie die schweren Lasten überhaupt an und von Bord gebracht werden konnten. Als die PEKING 1911 gebaut wurde, befuhren längst Dampfer die Weltmeere. Trotzdem war dieser Großsegler kein nostalgisches Projekt, sondern ein kommerziell sehr erfolgreiches Schiff. Dass sie aus heutiger Sicht einen alternativen Antrieb hatte, also außerordentlich energieeffizient war, könnte uns helfen, Ideen, Visionen und Utopien zu diskutieren, die sich in Zukunft vielleicht nutzbar machen lassen. Windkraft hat für die Energieversorgung eine hohe Relevanz, könnte aber vielleicht auch für Transportaufgaben künftig eine Rolle spielen. Ein weiterer Aspekt ist der ressourcenschonende Umgang mit Rohstoffen und Materialien für den Bau solcher hochtechnisierten Objekte. Der Stahl dieses Schiffes leistet nun schon fast 110 Jahre gute Dienste, während manche Schiffe schon nach wenigen Jahrzehnten abgeschrieben und unter höchst fragwürdigen Bedingungen verschrottet werden.

Für das im Entstehen begriffene Projekt Deutsches Hafenmuseum ist die PEKING jetzt schon Plakat, Aushängeschild und Leuchtturm. Nur durch die PEKING wird es uns überhaupt gelingen, dieses große Museumsvorhaben stärker in die Öffentlichkeit zu bringen. Noch haben wir kein Gebäude, keine Architektur, dafür aber viele Konzepte und Ideen. Die PEKING wollen wir nutzen, um diese Ideen zur Diskussion zu stellen und zum Mitdenken einzuladen. Das muss nicht unbedingt an Bord des Schiffes geschehen. Nicht nur im Entstehungsprozess ist die PEKING enorm wichtig, auch nach Eröffnung des Deutschen Hafenmuseums wird dieses große und großartige Schiff als neues Hamburger Wahrzeichen Aufmerksamkeit generieren. Sie wird in einigen Jahren vor dem Museum am Grasbrook stehen und als ästhetisches Momentum eine weithin sichtbare Verbindung zu dieser neuen und neuartigen Kulturinstitution herstellen und viele Menschen dafür begeistern.

JANA SCHIEDEK
Staatsrätin für Kultur und Medien der Freien und Hansestadt Hamburg

Die Schifffahrt ist eine Kunst für sich, vollgespickt mit exakten Zahlen und verrückten Namen, die mich immer wieder von neuem faszinieren. So ist die PEKING 115 Meter lang, hat eine Höchstgeschwindigkeit von 17 Knoten, eine Ladekapazität von 5300 Tonnen und trug die Baunummer 205 bei der Schiffswerft Blohm & Voss. Das klingt noch alles plausibel. Bei Bezeichnungen wie „Racklümmel", „Besangaffel" oder „Kielschwein" steht Nicht-Nautikern allerdings ein großes Fragezeichen ins Gesicht geschrieben. Und für Stirnrunzeln sorgt vielleicht auch die Bezeichnung „Pudel" als Kosename für die Ehefrau des Auftraggebers und mit als Namenskonzept für die gesamte F.-Laeisz-Flotte, deren Schiffe alle auf einen Namen mit dem Anfangsbuchstaben P getauft sind.

Kulturaffine Schiffsliebhaber wissen aber: Wir haben hier in Hamburg mit dem hochseetüchtigen Theaterschiff DAS SCHIFF noch eine Frau, Christa Möbius, die von ihrem Ehemann liebevoll „Pudelchen" genannt wurde und das Schiff auf Vordermann brachte. So viel zum Mythos, Frauen an Bord brächten Unglück.

Beide Frauen waren in der Hamburger Kulturszene überaus engagiert. Schließlich stockte Sophie Laeisz nach dem Tod ihres Ehemanns Carl Laeisz die von ihm festgelegte Summe zur Errichtung der heutigen Laeiszhalle noch beträchtlich auf. Sophie Laeisz war es auch, die 1911, als ihr Mann und ihr Sohn bereits verstorben waren, die Eintragung der PEKING im Hamburger Seeschiffsregister unterzeichnete und dafür sorgte, dass das Schiff neben seinem Namen natürlich auch eine Zahl erhielt: 4042.

Ich freue mich ungemein, dass der „Hamborger Veermaster" PEKING nun in seinen Heimathafen zurückkehrt und die Kulturlandschaft der Stadt um ein markantes Museumsschiff erweitern wird.

Nicht zuletzt an dem Engagement vieler ehrenamtlicher Initiativen, die sich um Erhalt, Pflege und zum Teil auch Infahrtsetzung historischer Schiffe kümmern – wie zum Beispiel im Museumshafen Oevelgönne, im Traditionsschiffhafen Sandtorkai, bei der CAP SAN DIEGO oder der RICKMER RICKMERS –, sieht man: Schiffe sind längst das Kulturgut der Herzen der Hamburgerinnen und Hamburger. Als Hamburgerin und ehemalige Referentin für Europäische Angelegenheiten bei der Hamburg Port Authority teile ich diese emotionale Bindung allemal. Jahrelang habe ich Trubel und Treiben des Hafengeschehens selbst hautnah erlebt.

Aber für die Rettung des Windjammers PEKING reichte pure Schiffsbegeisterung allein nicht aus. Es brauchte solche tatkräftigen Enthusiasten wie die Stiftung Hamburg Maritim und die Freunde der Viermastbark PEKING, die nicht nur eine hingebungsvolle Liebe zu alten Schiffen pflegten, sondern vor allem auch großes Wissen über die traditionelle Schiffsbaukunst besaßen.

Dass nun nach abgeschlossener Restaurierung die Stiftung Historische Museen Hamburg das Kommando übernimmt und den Auftrag der Bewahrung dieses prächtigen Schiffs angenommen hat, freut mich sehr. Für mich ist die PEKING ein Zeugnis einer gelungenen Gemeinschaftsarbeit. Ich danke allen Beteiligten und wünsche der Stiftung Historische Museen Hamburg mit der PEKING und dem Deutschen Hafenmuseum allzeit gute Fahrt und stets eine Handbreit Wasser unter dem Kiel.

NIKOLAUS H. SCHÜES

**Inhaber der Reederei F. Laeisz und Kuratoriums-
vorsitzender der Stiftung Hamburg Maritim**

Die Viermastbark PEKING, die 1911 im Auftrag der
Reederei F. Laeisz in Hamburg gebaut wurde, ist ein
technisches Meisterwerk mit einer höchst bewegten
Geschichte. Auf seinen Reisen zwischen Europa und
Südamerika hat dieser Flying-P-Liner mit einer fähigen
und unerschrockenen Mannschaft 34 Mal das gefürch-
tete Kap Hoorn umrundet. Im Ersten Weltkrieg beschlagnahmt und anschließend durch geschicktes Verhandeln zurückgekauft, fuhr die PEKING noch bis 1932
auf der Südamerikaroute. Danach diente sie in England

als Internat und zuletzt in New York als bewundertes
Museumsschiff. Dennoch hätte nicht viel gefehlt, und
dieses großartige Schiff wäre im Hochofen gelandet.
Ich finde es wunderbar, dass der PEKING dieses traurige
Schicksal erspart blieb, dass sie stattdessen gerettet
wurde und perfekt restauriert nach Hamburg zurück-
gekehrt ist. Mir persönlich ist sie ein Symbol für Durch-
halten und Weitermachen.

HENNING SCHWARZKOPF

**Henning Schwarzkopf, Rechtsanwalt, M.C.L.,
Freunde der Viermastbark PEKING**

Als Hochsee-Segler find ich Segelschiffe natürlich
grundsätzlich interessant. An den berühmten Flying-
P-Linern fasziniert mich vor allem die Tatsache, dass
man mit einem so großen Schiff ohne Maschinenkraft
von Deutschland über Kap Hoorn bis nach Chile gesegelt ist und dabei unter manchmal schwierigsten
Wetterbedingungen Fracht befördert hat. Als ich in
Manhattan zum ersten Mal an Bord der PEKING stand,
über das Deck schaute und nach oben in das Rigg
blickte, hat mich zunächst einmal die schiere Größe
fasziniert.

Im Juni 2007 veranstaltete der Norddeutsche
Regatta Verein, dessen Mitglied ich bin, eine Trans-
atlantik-Regatta. Als Liaison Officer des NRV hatte ich
damals die Aufgabe, eine der in Cuxhaven ankom-
menden Yachten zu empfangen und deren Besatzung
während des Aufenthalts in Hamburg zu betreuen. So
kümmerte ich mich um den mir schon zuvor bekannten
Lawrence S. Huntington, den ehemaligen Commodore
des New York Yacht Club, und seine Yacht SNOW LION.
Als wir mit seiner Yacht im Hamburger Hafen einliefen,
zeigte er auf die RICKMER RICKMERS und sagte mir: „Das
ist ja ein ganz schönes Schiff, wir haben aber eins, das
noch größer ist, das ursprünglich aus Hamburg kommt
und das wir gern abgeben möchten, am besten an

ihren alten Heimathafen." Huntington, der damals dem Beirat des South Street Seaport Museums vorstand, erzählte mir, dass sich schon ein gewisser Herr Wolf von der Handelskammer dafür einsetzte, die PEKING zurückzuholen, und schlug mir vor, mich mit ihm zusammenzusetzen, um die Sache voranzubringen. Das tat ich sehr gern und griff zum Hörer; auf diesem Wege lernte ich Reinhard Wolf kennen, der mir vorschlug, ihn mit meinen Verbindungen in die USA zu unterstützen, um gemeinsam in Hamburg und New York die Rückkehr der PEKING zu initiieren.

Vor allem im ständigen Dialog mit den Verantwortlichen in New York habe mich dann engagiert und in das Rückhol-Projekt „reingesteigert", denn je intensiver ich mich mit der PEKING, ihren Reisen und ihrer Geschichte beschäftigte, desto mehr hat sie mich fasziniert. Zu Beginn hatte ich unterschätzt, dass es ein jahrelanger mühevoller Kampf um sie werden würde, in dem es Höhen und Tiefen gab. Insbesondere die Unterstützung der Hamburger Politik und der für Museen und Kultur Verantwortlichen für dieses einmalige Exemplar der maritimen Geschichte der Stadt blieb zu meiner Verwunderung und großen Enttäuschung trotz regelmäßiger Presseberichte völlig aus, umso wichtiger war es für uns, in der Bevölkerung Begeisterung für das PEKING-Projekt zu wecken.

Heute empfinde ich eine immer größere Begeisterung und Dankbarkeit gegenüber den New Yorker Freunden, die in den Jahren an den Erfolg unserer Bemühungen geglaubt, uns unterstützt und Hamburg das Schiff schließlich kostenfrei übergeben haben, meinem Mitstreiter und „Antreiber" Reinhard Wolf und besonders auch gegenüber Herrn Kahrs, ohne dessen großes Engagement es nicht möglich gewesen wäre, unser Ziel zu erreichen. Ich bin stolz darauf, dass ich als Hamburger meinen Teil dazu beitragen konnte, dass die PEKING endlich wieder in ihren Heimathafen zurückkehren kann.

MARKUS SÖHL
Vorstand der Stiftung Hamburg Maritim, kaufmännischer Projektleiter PEKING

Ich bin an der Küste aufgewachsen, habe am Nord-Ostsee-Kanal gewohnt und schon als Kind den einen oder anderen Segler kommen sehen. Als Junge lieh ich mir in der Stadtbücherei von Brunsbüttel alles aus, was es zu Großseglern gab. Allerdings hatte ich damals eine recht romantische Vorstellung, was sicher an der Lektüre der Hornblower-Bücher lag. Dass die Wirklichkeit anders aussah, wurde mir spätestens klar, als ich den ersten Flying-P-Liner kennenlernte, und zwar die PASSAT. Ich betrachtete die spartanischen Unterkünfte und stellte mir vor, mit welcher Technik die Mannschaft damals arbeiten musste. So wurde mir schnell klar, dass es da nicht um Romantik ging, sondern um pure Effizienz. Ein Flying-P-Liner hatte 17 bis 18 Knoten Reisegeschwindigkeit und war damit den meisten Dampfern jener Zeit durchaus gewachsen. Dafür brauchte man allerdings eine sehr engagierte, hervorragend ausgebildete und ein-

gespielte Mannschaft. Interessant fand ich während meiner Zeit in der Schifffahrt, dass es nach der Jahrtausendwende die Idee gab, durch moderne Frachtschiffe mit Zugdrachen das Segelschiff also quasi neu zu interpretieren, was sich dann aber leider bis heute nicht durchgesetzt hat.

Über die PASSAT kam für mich die Beziehung zur PEKING, für deren Geschichte ich mich interessierte und die immer mal wieder als Kulisse in Spielfilmen auftauchte. Da habe ich mich als Norddeutscher gefragt, was dieses Schiff mit Heimathafen Hamburg eigentlich in New York zu suchen hat. Zunächst hätte ich mir kaum träumen lassen, dass ich einmal selbst mit einem Flying-P-Liner zu tun bekommen würde. Und als es dann möglich zu werden schien, die PEKING nach Hamburg zu holen, musste ich unbedingt dabei sein.

Nicht gerade romantisch, aber durchaus spannend war es für mich, die Ausfuhr aus den USA und die Einfuhr nach Deutschland zu organisieren. Wir hatten zwar nur die symbolischen 100 Dollar bezahlt, aber die Einfuhrumsatzsteuer hätte in schwindelerregender Höhe gelegen, wenn eine gastronomische Nutzung vorgesehen gewesen wäre. So wird es keine Gastronomie an Bord geben, was aber die Authentizität des Schiffs deutlich erhöht.

Ich bin sehr stolz darauf, dass es uns in der gemeinsamen Arbeit mit allen Partnern gelungen ist, das Schiff auf so wunderbare Weise zu revitalisieren. Das war nur möglich, weil alle Beteiligten so begeistert und engagiert mitgearbeitet haben. Ich bleibe der PEKING auch noch weiter verbunden, gemeinsam mit der ARGE Löll/Technolog und der Stiftung Historische Museen Hamburg begleite ich „meinen" Viermaster auch noch weiter bis zur Ankunft am neuen Liegeplatz im Hansahafen. Künftig liegt die PEKING in Sichtweite von der Stiftung Hamburg Maritim. Wenn mich die Sehnsucht packt, muss ich nur ein paar

Schritte gehen, um wieder an Bord zu kommen. Das ist ein gutes Gefühl.

REINHARD WOLF
Ehem. Syndikus der Handelskammer Hamburg, Freunde der Viermastbark Peking

Ich gehöre zu einer Generation, die noch mit dem Lied „Ick heff mol en Hamborger Veermaster sehn" aufgewachsen ist, daher ist es vielleicht nicht verwunderlich, dass mich die Peking vom ersten Tag an fasziniert hat. Als ich 2002 zum ersten Mal an Bord war und die Größe des Schiffs und das eindrucksvolle Rigg wahrgenommen habe, da ist der „Hamborger Veermaster" für mich sozusagen gegenständlich geworden. In dem Moment wurde mir klar: Das Schiff liegt hier falsch, das muss zurück nach Hamburg. Diese Faszination hat sich bis heute erhalten.

Ich bin auf St. Pauli groß geworden und dadurch maritim infiziert. Meine Großmutter nahm mich als Kind an die Landungsbrücken mit, um die Stapelläufe drüben an der Südseite der Elbe zu verfolgen. Die Bilder der Schiffe, die auf so beeindruckende Weise ins Wasser rutschten, haben sich mir ebenso tief eingeprägt wie das Heulen der Schiffssirenen. Daher stammt wahrscheinlich das Grundvirus, die Leidenschaft für Elbe, Hafen und Schiffe, die mich mein ganzes Leben lang begleitet. Die Schiffe meiner Kindheit waren vor allem Stückgutfrachter, mit den Flying-P-Linern habe ich mich erst später beschäftigt. Auch als ich während meines Studiums in einer Reederei gearbeitet habe, ging es vor allem um Stückgutfrachter. Durch die Bekanntschaft mit Joachim Kaiser und meine Tätigkeit in der Stiftung Hamburg Maritim wurde das Interesse an den „alten Schiffen" erst richtig geweckt. Seit der Begegnung mit der Peking habe ich mich mit der Geschichte und der Konstruktion von Rahseglern und auch mit den damaligen Arbeits- und Lebensbedingungen an Bord intensiver beschäftigt.

Es ist wirklich nicht leicht gewesen, die Peking nach Hamburg zurückzuholen. Ich habe aber immer daran geglaubt, immer dafür gekämpft und nie aufgegeben. Heute empfinde ich einfach nur Freude, dass wir alle Widerstände überwinden und das Schiff tatsächlich zurückholen konnten. Große Freude macht mir natürlich auch, dass die Peking so großartig restauriert wurde und sie uns nun in Hamburg auf Dauer erhalten bleibt. Dafür wird schon das große Engagement im Freundeskreis sorgen. Obwohl das Schiff in New York nicht viel mehr als ein Haufen Schrott war, hat mich der „Hamburger Veermaster" von Beginn an beeindruckt. Künftig kann die glanzvoll restaurierte Peking vielen Hamburgern und auswärtigen Besuchern eine noch viel großartigere Vorstellung von dem vermitteln, was in dem berühmten Shanty besungen wird und was die Seeleute damals geleistet haben.

Auf dieser Luftaufnahme wirkt die Peking fast wie ein Spielzeug, dabei hat sie in Wahrheit mit einer Länge von 115 Meter und ihren vier 51 Meter aufragenden Masten gewaltige Ausmaße.

Mehr als drei Jahre währte der Aufenthalt der PEKING auf der Peters Werft in Wewelsfleth.

Ende Juni 2020: Ein malerischer Blick über das Flüsschen Stör auf die PEKING, die schon in einigen Wochen in ihren alten und neuen Heimathafen Hamburg geschleppt werden wird.

17

EIN TAG FÜR DIE GESCHICHTSBÜCHER

Die Rückkehr nach 88 Jahren

Der 7. September 2020 verspricht ein kühler Spätsommertag zu werden. Morgens um 5 Uhr wirkt der Parkplatz am Störsperrwerk bei Wewelsfleth gut besetzt, um 5.30 Uhr ist er schon überfüllt. Viele Wohnmobile stehen seit dem Vorabend hier, manche ihrer Besitzer sind von weit her angereist, um diesen historischen Tag zu erleben. Es ist stockdunkel und regnet ein bisschen, trotzdem verlassen jetzt immer mehr Menschen ihre Autos und steigen zum Sperrwerk hinauf, dessen Hubbrücke noch zugänglich ist. Glücklicherweise hört der Regen kurz vor 6 Uhr auf, als schon Hunderte Menschen das Sperrwerk und die Ufer der Stör bevölkern und die Hälse recken, um die Viermastbark zu sehen. Sie müssen sich gedulden, denn noch liegt die Peking am Ausrüstungskai der Peters Werft am schwer einsehbaren nördlichen Ufer des Flüsschens, das sich zwischen den Gemeinden Wewelsfleth und Borsfleth in einem weiten Bogen windet. Pünktlich um sechs werden die Leinen gelöst, und zwei Schlepper, Wulf 4 als Kopfschlepper am Bug und Wulf 3 als Steuerschlepper am Heck, ziehen die Peking rückwärts aus der Werft, um sie auf der schmalen Stör vorsichtig zu drehen.

Um 6.22 Uhr müssen die Besucher den mittleren Bereich des Sperrwerks verlassen, da die Brücke nun nach oben geklappt wird. Inzwischen kündigt ein zartrosa Streifen am dunkelgrauen Himmel den Morgen an. Als sich das Segelschiff dem Sperrwerk nähert, herrscht eine geradezu feierliche Stille. Mehrere Hundert Menschen verfolgen fast andächtig, wie die Peking das Nadelöhr des Sperrwerks Richtung Elbe passiert.

Die mit Sicherheit beste Aussicht haben jene Besatzungsmitglieder, die während der Verholung der Peking am 7. September 2020 auf die Rahen geklettert sind. An Land bietet die Plaza der Elbphilharmonie begehrte Logenplätze.

Ein Moment von fast magischer Schönheit: Kurz vor Sonnenaufgang erreicht die Peking das Störsperrwerk.

Damit dieses Manöver gelingt, müssen erst die eigentlich quer zum Rumpf angebrachten Rahen in Längsrichtung gebrasst (weggeklappt) werden, sonst würden sie mit der Brücke kollidieren. Inzwischen ist die Wolkendecke aufgerissen, der Himmel wird in flammende Rosa- und Gelbtöne eingefärbt, so wie in einem Gemälde von Caspar David Friedrich. Es ist eine beinahe magische Atmosphäre. Erst als das Schiff die Brücke hinter sich gelassen hat, brandet Beifall auf, dazu tutet das Nebelhorn eines der Schlepper. Auf einmal ist die Stimmung gelöst, es wird geredet und gelacht. Inzwischen ist die Sonne aufgegangen, die vielen Fotografen suchen emsig nach neuen Standorten und bevölkern nun die Ufer, während die Peking mit dem Morgenhochwasser die Elbe erreicht und den Blicken langsam entschwindet.

Es spielt keine Blaskapelle wie damals an Bord der Cap Arkona, als diese der Peking 1929 auf dem Südatlantik begegnet. Den Soundtrack für die heutige Fahrt könnte der englische Folksänger Ralph McTell liefern mit seinem wunderbar melancholischen Song „Around the Wild Cape Horn", der perfekt zu dieser Morgenstimmung passen würde. Er hat ihn dem amerikanischen Abenteurer und Segler Irving Johnson gewidmet – und der Peking, mit der Johnson 1929 von Hamburg nach Chile gefahren ist. In der dritten Strophe heißt es:

> *Well, I found that ship in Hamburg*
> *and her name it was Peking.*
> *Our skipper's name was Jervis,*
> *well I never met a man like him.*
> *He pulled two men out from the sea,*
> *by the hair, in a raging storm,*
> *And he kept that grip on the sailing ship*
> *All the way around the wild Cape Horn.*

Der Kapitän, den McTell so lobt, dessen Namen er aber als Brite nicht korrekt aussprechen kann und deshalb Jervis nennt, ist Jürgen Jürs aus dem gut 25 Kilometer von Wewelsfleth entfernten Elmshorn, ein legendärer Seemann, der Kap Hoorn 66 Mal umsegelt hat, davon 50 Mal als Kapitän. Irving Johnson schreibt über den Seemann, der unter anderem mit der PREUSSEN, der PADUA, der PRIWALL und eben auch der PEKING auf den Weltmeeren segelte: „Der Kapitän bot ein großartiges Schauspiel, wenn er laut rufend, fürchterlich fluchend und armwedelnd über Deck stampfte. Er schien als das Urbild eines verknitterten, bellenden, mit allen Wassern gewaschenen Seebären – fast an die 1,90 ragend mit 240 Pfund Lebendgewicht, versehen mit den riesigsten Pranken, die ich jemals gesehen hatte."

So temperamentvoll geht es diesmal an Bord der PEKING nicht zu. Die heutige etwa 30-köpfige Besatzung, die aus Mitarbeitern der Werft, den Lotsen sowie Angehörigen der Stiftung Historische Museen Hamburg und der Stiftung Hamburg Maritim besteht, ist perfekt aufeinander eingespielt und weiß genau, was in Abstimmung mit den beiden Schleppern zu tun ist. Auch Ursula Richenberger, die Projektleiterin des künftigen Deutschen Hafenmuseums, ist mit an Bord. Hätte sie sich an diesem Tag nicht vielleicht doch Segel gewünscht? „Es wäre schön", sagt sie lächelnd, fügt aber hinzu: „Die PEKING ist nie auf der Elbe gesegelt, sondern hat immer mit Schlepperhilfe den engen Fluss befahren. Es ist also im Moment nicht viel anders als vor 88 Jahren."

Wenig später verlässt die PEKING das Flüsschen Stör und erreicht die Elbe.

Das Thema Segel beschäftigt viele Menschen, manche sind ein bisschen enttäuscht, dass die Peking in Zukunft keine Segel haben wird. „Wir haben darüber nachgedacht, aber die Ausstattung mit Segeln ist leider nicht möglich, da die Windlast zu groß werden würde. Die Gefahr der gehissten Segel ist auch am Liegeplatz beim Museum zu groß. Es gibt zwar moderne Materialien, die wie Segel aussehen, aber winddurchlässig sind, doch derzeit möchten wir diesen Weg einer Fake-Inszenierung nicht gehen. Ich verstehe sehr gut, dass ein Segelschiff ohne Segel etwas amputiert erscheint, aber für die meisten Museums-Segelschiffe musste die Entscheidung so getroffen werden, um ein sicheres Liegen zu ermöglichen", sagt Richenberger.

Auch ohne Segel bietet die Peking bei ihrer Einfahrt in die Elbe gegen 6.50 Uhr ein großartiges Bild. Natürlich ist Joachim Kaiser an Bord, der Mann, der die Restaurierung seitens der Stiftung Hamburg Maritim geleitet hat. Zwei Ehrengäste genießen die Fahrt ganz besonders: Johannes Kahrs und Rüdiger Kruse. Als Bundestagesabgeordnete und Mitglieder des Haushaltsausschusses hatten sie die Millionensumme beschafft, ohne die die Rettung der Peking gar nicht denkbar gewesen wäre. „Es ist ein erhebender Moment, hier an Bord zu sein", sagt Kruse (CDU). Und sein SPD-Kollege Kahrs gibt zu Protokoll: „Von den Dingen, die ich in meiner elfjährigen Tätigkeit bewegen konnte, ist die Peking das, was mich am meisten stolz macht und mit Freude erfüllt." Kahrs hat inzwischen alle politischen Ämter niedergelegt, an seiner Begeisterung für den „Hamborger Veermaster" hat sich indes nichts geändert.

Und diese Begeisterung wird an diesem sonnigen Septembertag von Zehntausenden geteilt, die die gesamte etwa 50 Kilometer lange Strecke zwischen

In Höhe von Blankenese wird die Peking bereits von Hunderten Booten und Schiffen begleitet, deren Zahl im Lauf der Fahrt weiter anwächst. Ein Feuerlöschboot sprüht Fontänen.

Die Schlepper WULF 3, WULF 4 und ARION sorgen dafür, dass die PEKING den Hafen sicher erreicht.

Tausende Menschen säumen die Ufer, um einen Blick auf das heimkehrende Schiff zu erhaschen.

Wewelsfleth und dem Hamburger Hafen an den Ufern säumen. In Glückstadt, auf der Elbinsel Krautsand, in Bützfleth, in Stadersand – überall warten Menschen, um die Heimkehr der PEKING verfolgen zu können. Gegen 10.30 Uhr wird die Fahrt auf Höhe der niedersächsischen Gemeinde Hollern-Twielenfleth erst ein-

mal unterbrochen, hier liegt die Viermastbark einige Stunden auf Reede, um das Nachmittagshochwasser abzuwarten. Da das Schiff keinen eigenen Antrieb hat, wird es weiter von einem Bugschlepper gezogen und zugleich von einem Heckschlepper gebremst. Was so einfach klingt, ist in Wahrheit eine höchst komplizierte Operation. Ben Lodemann, im Hauptberuf Ältermann der Hamburger Elblotsen, verfügt nicht nur über gute Nerven, sondern auch über das notwendige seemännische Können, die PEKING sicher nach Hause zu geleiten. Der Mann, der den Viermaster schon in New York sicher in das Dockschiff hinein und später in Wewelsfleth wieder hinaus manövriert hat und auch für die Verholung nach Hamburg die Verantwortung trägt, vergleicht die Aktion mit einer „Fahrt im 40-Tonner ohne Bremsen bei Glatteis durch eine Fußgängerzone". Aber natürlich ist Lodemann nicht allein, sondern arbeitet Hand in Hand mit den jeweiligen Lotsen, die für die Stör, die Elbe und den Hafen zuständig sind.

Einen besonders imposanten Anblick bietet die PEKING auf dieser Luftaufnahme vor der Kulisse der St. Pauli-Landungsbrücken.

Begegnung zweier neuer Hamburger Wahrzeichen: Die Peking in Sichtweite der Elbphilharmonie.

Als die Peking um 15.20 Uhr ihre Fahrt nach Hamburg fortsetzt, wird der Geleitzug nach und nach immer größer. Er besteht aus Segel- und Motorbooten unterschiedlichster Größe und Art, aber auch aus historischen Museumsschiffen wie dem Stückgutfrachter Bleichen, dem Schlepper Fairplay VIII und dem Besanewer Johanna, allesamt im Eigentum der Stiftung Maritim und von Ehrenamtlichen in Betriebsvereinen gepflegt. Auf den Zweischraubendampfer Schaarhörn von 1908 hat die Stiftung Gäste eingeladen vom ehemaligen Senator Frank Horch bis zum neuen Chef der Wasserpolizei Olaf Frankowski, betreut und informiert vom Vorstand Dr. Stefan Behn und dem Beiratsvorsitzenden Gert Hinnerk Behlmer. Bald stoßen immer mehr Barkassen und Ausflugsschiffe dazu. Als die Peking Wedel und die Schiffsbegrüßungsanlage in Schulau erreicht, gewinnt die Parade schon den Charakter eines Triumphzugs, dessen Spitze wenig später ein großes Feuerlöschboot bildet. Es sprüht riesige

Fontänen, auf deren Gischt die milde Nachmittagssonne Regenbogenfarben zaubert. An den Ufern winken Tausende Menschen. Vielfach sind die coronabedingten Abstandsregeln kaum einzuhalten, dafür tragen die meisten Mund- und Nasenbedeckungen. Sie stehen nicht nur am Elbufer, sondern auch auf Balkonen, Dachgärten und Aussichtspunkten. Manche sind sogar auf Bäume geklettert, oft sieht man Schilder, auf denen die Peking willkommen geheißen wird. Immer wieder sorgt das Aufheulen der Nebelhörner für Gänsehaut-Momente an diesem wunderbar unbeschwerten Septembertag, an dem sich Hamburg von seiner schönsten Seite zeigt.

An Bord des Fahrgastschiffs Commodore begrüßt Hans-Jörg Czech, der Vorstand der Stiftung Historische Museen Hamburg, Gäste wie Claus Liesner von der Stiftung Hamburg Maritim, Kultursenator Carsten Brosda und Kulturstaatsministerin Monika Grütters. „Heute ist ein Tag für die Geschichtsbücher, nicht nur für die Freie und Hansestadt Hamburg", sagt Czech, und fügt hinzu: „Der frisch restaurierte Frachtsegler steht künftig mit seiner typischen Silhouette eines Hamborger Veermasters für die bedeutende Rolle der deutschen Überseehäfen und bildet somit das ideale Leitobjekt für das geplante Deutsche Hafenmuseum." Der Kultursenator bezeichnet das Schiff als Symbol „für den globalisierten Handel, der auch vom Hamburger Hafen ausgehend die ganze Welt verändert hat". Und Kulturstaatsministerin Monika Grütters bedankt sich für die Arbeit der Restauratoren. Auch sie blickt nach vorn auf das Deutsche Hafenmuseum, das in einigen Jahren im neuen Stadtteil Grasbrook eröffnet wird: „Mit der PEKING als seinem Glanzstück wird dieses künftige Deutsche Hafenmuseum umfassend und anschaulich über die maritime Geschichte Deutschlands informieren und Menschen aus der ganzen Welt anlocken."

Doch erst einmal nimmt die PEKING an diesem Spätnachmittag Kurs auf das schon bestehende Hafenmuseum Hamburg im Hansahafen. Es ist erneut ein anspruchsvolles Manöver und zugleich ein grandioser Anblick, als die Viermastbark gegen 18 Uhr vor der Kulisse der Elbphilharmonie gedreht wird, um in den Hansahafen geschleppt zu werden. Dazu gibt es diesmal wirklich Blasmusik, sie kommt von Bord der CAP SAN DIEGO wo der Posaunenchor der Hauptkirche St. Michaelis schon seit 17 Uhr Seemannslieder spielt. Besonders gut passt der Text eines der beliebtesten Shantys, den mancher an Bord mitsingt:

Rolling home, rolling home,
rolling home across the sea.
Rolling home to good old Hamburg,
rolling home, min deern to di.

Und nun sind es tatsächlich nur noch ein paar Hundert Meter, bis die PEKING ihren Liegeplatz für die nächsten Jahre erreicht hat. Punkt 19 Uhr ziehen die Schlepper

die Viermastbark behutsam an den Bremer Kai direkt am Hamburger Hafenmuseum im Schuppen 50A. Aus Sicherheitsgründen ist der Bereich weiträumig abgesperrt, nur die unmittelbar Beteiligten und einige Journalisten können diese letzte Etappe verfolgen.

Als die erste Leine geworfen wird, tritt Konstantin Jakobi auf den Plan. Er ist Industriemechaniker und Projektingenieur und seit dem 1. Juli 2020 technischer Leiter der Viermastbark PEKING bei der Stiftung Historische Museen Hamburg. „Die Verholung des

Ingenieur Konstantin Jakobi ist der technische Leiter der PEKING.

Schiffs von Wewelsfleth erfolgte noch im Auftrag der Peters Werft und in Verantwortung der Stiftung Hamburg Maritim. Mit der ersten Leine, die an Land übergegangen ist, habe ich dann die Verantwortung übernommen", sagt Jakobi. Gemeinsam mit seiner Stellvertreterin Laura Lühnenschloß und zwei Kollegen wird er das Schiff nicht nur auf den Museumsbetrieb vorbereiten, sondern auch vom ersten Tag an betreuen. „Eine unserer zentralen Aufgaben ist die kontinuierliche Wartung und Instandhaltung", sagt der studierte Maschinenbauingenieur.

Bis in die zweite Hälfte der 2020er-Jahre befindet sich der Liegeplatz der Peking am Bremer Kai direkt vor dem Hafenmuseum Hamburg.

Und wie findet er es, dass die PEKING ein Segelschiff ohne Segel ist? „Auch wenn ich es begrüßen würde, wenn wir irgendwann ein oder zwei Segel hätten, die wir zu besonderen Anlässen setzten könnten, bedaure ich die jetzige Situation nicht", sagt Jakobi, der seine Haltung so begründet: „Ich würde es falsch finden, den Besuchern Segel vorzugaukeln, die es in Wahrheit nicht geben kann. Wir haben ein Schiff, das dauerhaft im Hafen liegt, wo grundsätzlich nicht gesegelt wird. Natürlich würde es gut aussehen, wenn Segel zumindest auf den Rahen gepackt liegen würden, doch das hätte Staunässe und Korrosion zur Folge und würde den Wartungsaufwand enorm erhöhen. Da wir alle möglichst lange etwas von der PEKING haben wollen, vermisse ich die Segel also nicht. Ich bin grundsätzlich eher Realist als Romantiker."

Zu den Aufgaben, denen sich Konstantin Jakobi und sein Team jetzt widmen, gehört es, die PEKING für den täglichen Museumsbetrieb vorzubereiten. Auch wenn die Viermastbark jetzt schon ihren Platz am Bre-

mer Kai eingenommen hat, wo sie die nächsten Jahre bis zur Eröffnung des Deutschen Hafenmuseums liegen wird, ist es zunächst für die Öffentlichkeit nicht möglich, an Bord zu kommen. Dafür müssen, auch von Seiten der Hamburg Port Authority, noch verschiedene technische Voraussetzungen geschaffen werden. Doch ab Sommer 2021 werden die Hamburger und Gäste aus aller Welt endlich willkommen sein, den „Hamborger Veermaster" nicht nur aus der Nähe zu betrachten, sondern auch zu betreten und die besondere Atmosphäre dieses großartigen Segelschiffs ganz unmittelbar zu erfahren. Und in der zweiten Hälfte der 2020er-Jahre wird die PEKING noch einmal eine Reise antreten, die letzte und kürzeste in ihrer langen Geschichte: Wenn dann das Deutsche Hafenmuseum im neuen Stadtteil Grasbrook eröffnet ist, führt sie der Weg zu ihrem endgültigen Liegeplatz am nur einige Hundert Meter entfernten Holthusenkai. Doch wo immer sie in Hamburg auch liegen mag: Schon die triumphale Heimkehr am 7. September 2020 hat gezeigt, dass die beinahe verlorene und jetzt so prächtig restaurierte PEKING zurückgekommen ist, um zu bleiben.

Motor- und Segelboote, historische Schiffe und Barkassen begleiten
die PEKING bei ihrer Rückkehr in den Hamburger Hafen.

Direkt vor der Elbphilharmonie wird die PEKING noch einmal gedreht, um rückwärts in den Hansahafen gezogen zu werden. Am Liegeplatz zeigt der Bug in Richtung See.

Fast am Ziel: Die PEKING auf der Höhe von Blohm + Voss, jener Werft, auf der sie 1911 gebaut wurde.

Bildnachweis

Danksagung

Dieses Buch ist ein Gemeinschaftswerk mit vielen Beteiligten. Gert Hinnerk Behlmer, Joachim Kaiser, Ina-Maria Nießler, Nikolaus W. Schües, Nikolaus H. Schües und Reinhard Wolf waren so freundlich, das Manuskript kritisch gegenzulesen und mir mancherlei Hinweise und Anregungen zu geben. Ursula Richenberger und Matthias Seeberg von der Stiftung Historische Museen Hamburg haben das Projekt von Anfang an großzügig unterstützt und engagiert begleitet. Wie immer konnte ich auf die Kompetenz meiner seit vielen Jahren bewährten Lektorin Annette Krüger zählen, ebenso wie auf das engagierte Team des Koehler Verlags.

Und natürlich war ich froh über die vielfältige Unterstützung durch weitere Beteiligte, die Fragen beantwortet, Bilder bereitgestellt und mir als Interviewpartner zur Verfügung gestanden oder selbst kurze Namensbeiträge verfasst haben. Ihnen allen gilt mein Dank, denn ohne sie hätte dieses Buch nicht entstehen können.

MATTHIAS GRETZSCHEL
Hamburg, im Sommer 2020

Ein Gesamtverzeichnis der lieferbaren Titel schicken wir Ihnen gerne zu.
Bitte senden Sie eine E-Mail mit Ihrer Adresse an: vertrieb@koehler-books.de

Sie finden uns auch im Internet unter: www.koehler-books.de

Bibliografische Information der Deutschen Nationalbibliothek
Die Deutsche Nationalbibliothek verzeichnet diese Publikation in der Deutschen Nationalbibliografie;
detaillierte bibliografische Daten sind im Internet über https://portal.dnb.de abrufbar.

ISBN 978-3-7822-1384-4

Texte: Matthias Gretzschel
Gestaltung: Fred Münzmaier
Printed in Europe